桜井識子

和の国の神さま

ハート出版

まえがき

この本を手に取っていただきありがとうございます。

本書は、古事記を私なりに検証したご報告、天照大神《あまてらすおおみかみ》との会話、高波動専門霊能力アップ講座という、3つのパートに分かれています。

私はこれまで古事記という書物を読んだことがありませんでした。興味を引かれなかったというのがその理由です。ですから、子どもの頃に絵本で読んだエピソードや有名な部分しか知りませんでした。

今年の1月のことです。別の本の取材で宮崎〜鹿児島をまわった時に、ニニギさんという古代の人物だった神様にお会いしました。いきなり「天孫降臨《てんそんこうりん》」という言葉が出てきて驚きましたが、その当時のお話を少し聞かせてくれたのです。しかし、古事記にうとい私は理解ができない部分が多くあって疑問だらけになり、その時はよくわからないまま取材を終えました。

4月にふたたび取材に行ったのですが、宮崎、鹿児島の神様方が教えてくれる当時の話は、不思議と、古事記と重なっていました。もちろん、細かい部分や人物など、違っているところもあります。しかし、大まかな意味では古事記は当時実際にあったことを現代に伝えている歴史書だと思える検証結果でした。

昔の私のように、古事記は古い書物だし、神話部分のファンタジーっぽい感じが苦手だという方がいらっしゃると思います。今回のご報告は神話部分についてではなく、天孫降臨から神武天皇東征までです。

そんなに興味ないかな、と思われている方も、読んでいただければその面白さがおわかりになると思います。書いているのが私ですから、難しい内容ではありません。本の中でタイムスリップをして神様と歴史のコラボを堪能していただければと思います。

天照大神との会話も驚きの連続でした。私は今まで、数多くの天照大神がご祭神である神社を参拝してきました。しかし、天照大神と繋がることができず、ひょっとしたら天照大神って架空の神様なのでは？　と長い間、そう考えていました。

天照大神は実在する神様でした。ただ、古事記から受ける印象とは全然違っています。もっと偉大で輝くばかりに神々しく、神様らしい神様なのです。大きなお仕事をされていますが、とても優しくて、個人的なアドバイスを下さったりもします。

いろいろなことについて貴重なお話をたくさん聞いています。天照大神と会える場所もしっかり確認してきました。

高波動専門霊能力アップ講座は「初級編」となっています。文章でお伝えすることが難しい内容なのですが、どうしても知っていただきたいと思い、本で公開することにチャレンジしてみました。

ブログで「龍のトレーニング」と題した記事をいくつか書いたことがあります。写真を何点か掲載したところ、反響が大きくて驚いたことがこの章を書くきっかけとなりました。

メッセージとお手紙がたくさん届き、多くの方がトレーニングを楽しいと喜んで下さり、もっと能力を高めたい、龍を見たい、神様とお話をしてみたい、と能力アップを希望されていたのです。

その方々に何か少しでもお手伝いができれば……という思いから、コツをお伝えしてみよう、と思いました。

初級編ですから、霊能力の基礎部分で正しく習得しておかなければいけないこと、その習得方法、それはどうして大事なのかという理由などを書いています。

霊能力を早めにアップさせたい方のために、とっておきの秘訣も書きました。私はこの秘訣を使って訓練をしたのです。皆様にとってもきっと有効な方法だと思います。

どのお話もどなたかの何かの参考になれば嬉しいです。皆様にとってこの本が、役に立つ一冊でありますように、と心からお祈り申し上げます。

桜井識子

和の国の神さま　もくじ

第2章　古事記

もくじ

もくじ

第5章　高波動専門霊能力アップ講座

もくじ

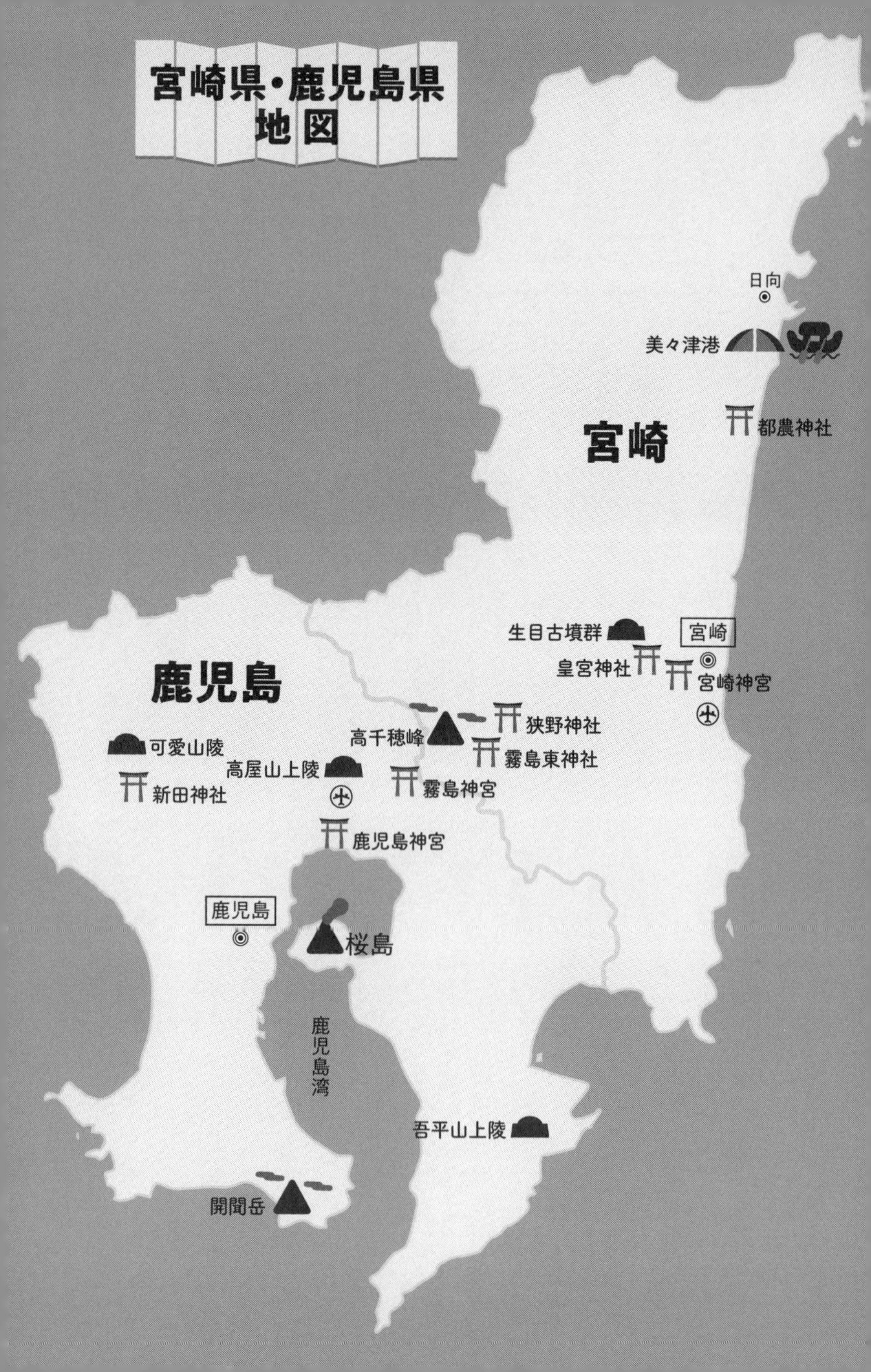

宮崎県・鹿児島県
地図
日向
美々津港
都農神社
宮崎
生目古墳群
宮崎
皇宮神社
宮崎神宮
鹿児島
狭野神社
高千穂峰
霧島東神社
可愛山陵
高屋山上陵
新田神社
霧島神宮
鹿児島神宮
鹿児島
桜島
鹿児島湾
吾平山上陵
開聞岳

第1章 南九州での取材

よくわからない神社が多かった取材

神社がよくわからない理由とは

２０１９年1月のことです。取材で宮崎県と鹿児島県に行きました。その時のテーマは「ごりやく」だったので、ごく普通に神社仏閣を訪れて、そこにいる神仏にごりやくについてお話を聞く……という取材でした。

旅程としては宮崎空港からスタートして、レンタカーでまず日向市へ向かい、そこから南下しつつ神社を参拝、宮崎市内、青島、日南市へと行きました。日南市からは西に進んで鹿児島県に入り、霧島、高千穂峰、桜島、鹿児島市内、知覧を経由して指宿《いぶすき》方面へとまわったのです。

快くお姿を見せてくれて、お声もしっかりと聞かせてくれ、明るく楽しい会話を交わした神様が数柱《すうはしら》いて、大収穫と言ってもいい取材となった神社がいくつもありました。しかし、中にはよくわからない……という神社も少なからずあったのです。そのようなことも取材をしていれば、時々あるのですが、この取材ではその数がやや多めで「はて？」と不思議に思いました。

神仏がよくわからないのは、「今はその神仏を知る時期ではない」ということが主な理由です。私の神仏能力がもう少しアップしてからでなければ全容を理解できない場合もありますし、私に歴史などの知識が足りないという時もあります。単純に、今ではないというのがほとんどですが、別のテーマで取材をすべきである、というパターンもあります。どの場合にしても、今だったら最良の情報を与えることができないと神仏が判断をすると、すべてを見せてくれません。

神仏がいないところは「いない」と明確にわかります。神仏がいれば「いる」という、そこはわかるのです。神仏はいる、ある程度まではわかる、けれど全貌がわからない……というわけです。

ニコニコしているお姿はくっきり見えているのに、声が聞こえなくて会話ができない、だから詳細が不明ということもありますし、ぼや～っとかすんでしか見えないこともあります。眷属《けんぞく》しか見えなかったりもします。わからないという状態もさまざまなのです。

なんとなく「ふむふむ、こういうことなんだ～」とわかっても、「ここから先はまた今度」と神仏側がシャッターを閉めてしまうと、もうその先はわかりません。シャッターの向こうは、人間が何をどうしても知ることができないのです。

そのような神社がいくつかあったため、「はて？　これは一体、何を意味するのだろう？」と悩みました。神様がいること以外はまったく何もわからなかった神社もありますが、中途半端にわかった神社もありました。

まずはこの時の……つまり、他の本の取材で宮崎県と鹿児島県に行った時によくわからなかった参拝について順に書こうと思います。

宮崎神宮

宮崎神宮はヤマト民族の神様？

宮崎神宮は駐車場から行くと、参道の真ん中あたりで合流するようになっています。参道に出たところには、大きな二の鳥居があります。何気なくその場に立った時に、「あっ！ここは明治天皇の陵《みささぎ》と同じだ！」ということを思いました。漂っている「気」が同じなのです。

明治天皇の陵は京都市伏見区にあり、名称は「伏見桃山陵」です。広大な敷地になって

いて、門からかなり歩かないと陵墓までたどり着けません。陵墓の前もスッキリ広くて、他の陵に比べると大きいです。もちろん神社ではなく、陵ですからお墓です。
お墓なのですが、独特の「気」が流れています。明治神宮に祀られている明治天皇の、この国を思う熱い気持ちが「気」となって流れているのです。ですから、そこには愛国心みたいなものが含まれています。
宮崎神宮は神社なので、陵とは造りがまったく違いますすし、境内の景色も似ても似つかぬものです。もちろん「陵墓」と「神社」という違いもあるため、「気」が同じなどということはありえないのですが……空間に漂う「気」、地面に染み込んだ「気」がよく似ているのです。
不思議だな～、なんでだろう？　と思いながら、本殿に向かって歩きました。
神門をくぐると、拝殿の周囲は広めに空間が取られていて、なんとも言えない凛とした
ご神威を感じました。社殿はシンプルです。ごちゃごちゃと小さな境内社があったりとか、
社務所があったりとか、そのようなにぎやか系の神社ではなく、古来の形式を維持してい
ます的な厳かな聖域です。授与所や社務所は神門の手前にありましたから、陵との共通点
は聖域を独立させた造りである、ということでしょうか。
拝殿前まで進むとピッタリのタイミングで祈祷が始まりました。ものすごく歓迎してく
れている気配が伝わってきます。理由はわかりませんが、そこまで歓迎してもらえること
を光栄に思いつつご挨拶をしました。私がこの時にわかったのは、たいへん古い神様であ
る、ということです。人間が神様になったタイプで、古墳時代？　と最初は思ったのです
が、どうやらもう少し古そうでした。弥生時代でしょうか。
そして、不思議とこの神社は「ヤマト」という雰囲気を出しているのです（漢字で「大
和」と書くと、奈良の昔の地名とごっちゃになるため、「ヤマト民族」のヤマトはカタカ
ナで書いています。倭〈ヤマト〉と漢字で書くのもありですが、これだと私がつい、「わ」

と読んでしまうのでカタカナにしています）。

宮崎神宮の境内が、「ヤマト民族の神」という印象を濃く与えるのです。それと、「日本という国を愛する」「守る」という意思みたいなものがすごく強いのです。そこを特別に意識している神様のようでした。このような感じの神様は初めてです。

なんとなく、渡来人が来る前の神様かな、と思いました。だったら縄文時代でしょうか？　う〜ん、いや、そこまでは古くないようだけどな〜、それに縄文時代だったらヤマトじゃないしな〜、などと考えていたら、やっぱり「ヤマト民族の神」という主張をするのです。境内が、です。

もしかしたら、大昔の小さなムラを守っていた神様かもしれません。そのムラが徐々に大きくなっていくにしたがって神様も大きくなられた可能性があります。そして、日本という国を守る……というか、守りたい、という気持ちが強い神様になられたのかもしれないです。

ですから、この神社では「ヤマト民族の子孫繁栄」という言葉を入れると、子宝祈願が叶いやすいです。同じく、「ヤマト民族の子孫繁栄のための縁結び」というふうにお願いすると、こちらも良縁成就の願掛けになります。しかも、叶いやすいのです。

一般的な神社でお願いをする仕方、たとえば「パートナーを得て、人生をもっと彩りあるものにしたい」という個人的な理由は、この神様に限っては弱いかもしれません。それはこの神様が、ヤマト民族繁栄、この国を栄えさせる、末長く存続させる、という方向に力を使いたいという神様だからです。

私がわかったのはここまででした。神様はほとんどしゃべってくれず、物静かなお方でただそこにいる、という感じでした。参拝者が来ると必要に応じて力を与えたりもしていました。願掛けを叶えたり、パワーを与えたりすると、そのあとはまたじっとそこにいる、という神様なのです。無口な神様です。

神様の中には、ベラベラと多くを語ってくれる神様もいれば、ゲラゲラと楽しそうに笑ってくれる神様もいます。冗談を言って私を笑わせる神様もいます。そこは個性だとわかっていても、あまりにも静かなのです。

この時に何も語ってくれなかった理由は、あとから判明しました。

高千穂峰にいる黒龍

黒龍との喧嘩

私が書いたものに詳しい方は「すでに知っていますよ〜、このお話」と言いたくなるところでしょうが、私の本を初めて読むという方もいらっしゃると思うので、その方がチンプンカンプンのまま話が進んでしまうのは申し訳ないです。というわけで、ざっと説明をさせていただきます。

宮崎県と鹿児島県の県境にある高千穂峰《たかちほのみね》という山には「天《あま》の逆鉾《さかほこ》」があります。天の逆鉾とは山頂に突き立てられている古代の剣で、とても神聖なものです。坂本龍馬がこれを抜いてみたという話は有名ですが、実は私も、とある前世で面白半分に抜いたことがあります。

そのことを思い出した時に、自分が犯した無礼に気づいていながら放っておくのはよくないだろうと思い、謝罪をしに行きました。関西から九州まではるばる出かけて行ったのは、10年くらい前のことです。

山をヒーヒー言いつつ登っていると、途中で「登るな！」という、神様か眷属の意思表示だとわかる出来事がありました。そこで神様にお聞きすると「（過去の無礼は）怒っていない」とハッキリした答えが返ってきました。「登っても全然かまわない」と神様は許してくれたのですが……そのあとで「眷属がとても怒っている」とポツリと言ったのです。

そこで初めて、「神様に失礼なことをすると眷属が怒る」ということを知りました。当時はわかる能力もまだまだ低く、眷属についても詳しくなくて、今ほどの知識はありませんでした。眷属にそんな忠誠心があるとは夢にも思っていなかったし、山岳系神様の眷属に龍が多いということも知りませんでした。

ですから、眷属が怒っていると言われても、「眷属って、キツネとかそういう類なんだろうな。眷属が怒っているといっても神様が怒っていないのだから大丈夫だろう」と、高をくくってそのまま登り続けました。

お天気は次第にくずれていき、風雨はどんどん強くなります。徐々に台風並みになっていくのです。天気予報は「晴れ」だったので、明らかに異常でした。

「眷属、かなり怒ってるなー。まずいかな」と、このあたりでちょっと危機感を持ちまし

た。それでも頑張って山のかなり上まで登ると、突然、経験したことがない猛烈な風が吹き始めたのです。この時はわかりませんでしたが、そこから先が神域でした。
その風が台風どころではありません。本当に大袈裟に言っているのではなく、立っていられないほどの風圧でした。身を守るためにとっさにかがんで近くの岩にしがみつきました。
すると今度はうわーっと視界が霧で真っ白になっていきます。濃霧という言葉では足りないくらい、あたりが真っ白の闇になり、自分の足元すら見えないのです。本当に50センチ先が見えませんでした。雨もさらに激しく降ってきて、一歩たりとも前に進めない状態になりました。

これって本格的にヤバイのでは……と思い、大声でそこにいるであろう眷属に過去世の非礼を丁寧に謝りました。しかし、状況は変わりません。私にご縁を下さっている神仏に助けを求めたりもしましたが、その神仏が「まったく聞く耳を持たない」と言うのです。

私はここで無性に腹が立ち、

「誰だか知らないけど、謝りに行かせてくれてもいいやん！」

と空に向かって大声で怒鳴りました。すると、その瞬間にバケツをひっくり返したかのような、水の塊の雨がザバーッと私に降りかかりました。

なんだ！　こいつ！　と本気でムカついた私は、怒りにまかせてさらに大声で真っ白い天に向かって文句を言いました。最後に、

「神様の眷属のくせして心が狭いなーっ！」

とまで言ったのです。すると、またしてもバケツ雨の塊がザバーッと頭から降りかかり、風が一層強く吹き荒れました。

かかんで岩にしがみついていても、私の腕力より風のほうが強いので、引きはがされそうになります。あたりが真っ白でまったく見えないため、まわりがどういう状況なのかが

わかりません。岩にしがみついていれば大丈夫だろうと思っていましたが、もしそこが切り立った崖だったら、風圧にあおられて滑落死……ということもありえます。

「ああ、これは無理だ、これ以上いたら本当に死ぬ……」と、ここで冷静に悟りました。容赦がない眷属がいるということも知りました。

仕方なくそこから先に進むことをあきらめ、しぶしぶ下山しました。その下山する途中で、ものすごく大きな真っ黒い龍を見たのです。当時の私はまだ龍にも詳しくありませんでしたが、この黒龍なら神様も止められないだろうな、と納得したのでした。

黒龍は本気で怒っていたため、もしも、もう一回来たとしても登らせてもらえないことは明らかでした。

あれほど荒れていたお天気なのに、不思議なことに、駐車場に戻る頃にはすっかり収まって回復していました。その後、近くにある霧島神宮へ行き、神様に事情を話して、

「もしあの黒龍を知っているのなら、おとりなしをして下さい」

と、お願いをしました。その結果、何とか黒龍にわかってもらえて、次回は登ってもよいと言われたのです(このお話の詳細は『神さまと繋がる神社仏閣めぐり』に書いています)。

ついでに言えば、黒龍は記憶の一部を他の黒龍と共有しているため、伊豆大島の三原山

の黒龍も、由布岳の黒龍も、北海道の駒ケ岳の黒龍も、私の過去世における無礼な行動を知っていました。

初めて会うのに、「あ！　こいつは！　高千穂峰で無礼を働いたやつだ」と、その現場を見ていたかのように記憶にあるのです。そして「…………」という、しら〜っとした目で見られます。まったくもってトホホなお話です。いや、過去世で失礼なことをした私が悪いのですが……（泣）。

霧島神宮

天孫降臨ということになっている？

高千穂峰で黒龍と喧嘩をした10年前のこの時に、黒龍を説き伏せてもらったお礼を言わなければ！　と長い間そのことが心にありました。それで、取材も兼ねて霧島神宮に参拝したのです。

こちらの神社に参拝をするのは3回目です。さきほど書いた黒龍とのおとりなしをお願いした時と、父の転勤で両親が一時期、鹿児島県に住んでいたことがあって、その時に1

回行きました。
しかし、両親と行ったのは30年前の話ですし、前回の参拝からも10年がたっており、さらに10年前は黒龍のことで頭がいっぱいだったため、ここの神様について知ろうとする元気がありませんでした。お願いをサッとして、それだけで帰ったのです。
久しぶりに参道を歩いて「あれ？　こんなに短かったっけ？」と思いました。ほぼすべてのことが記憶の彼方であり、神様がわかる能力も10年前より格段に上がっているため、印象がまるで違うのです。おかげさまでとても新鮮な気持ちで参拝ができました。手を合わせる場所が拝殿へ上がる階段の下だったことも、拝殿前のスペースが広かったことも、初めて見るような感じで見せてもらいました。

まずはご挨拶をして、黒龍の件でお世話になったお礼を言いました。おとりなしをお願いしたあの日、霧島神宮の駐車場に黒龍が来てくれたこと、私の話を聞いてくれたこと、そして、次は登ってもよいという許可をくれたことをご報告しました。

「許可をもらってからだいぶ時間がたっていますが、明日、高千穂峰に登ります！」ということも言っておきました。長年、「行かなければ！」「言わなければ！」と思っていたお礼を済ませ、翌日に登山をする報告もして、やっとここで「ふぅ」と心に余裕ができました。

霧島神宮の神様って、どんなお方なのだろう？　ということに、目を向けられるようになったのです。この時の取材のテーマは「ごりやく」だったのでストレートに、

「神様はどのようなごりやくを下さるのでしょうか？」

と、お聞きしてみました。

山岳系の神様ではないのです。でも黒龍をたしなめることができる神様です。神格は高いです。ただ、全身のお姿を見せてくれないので、どのような神様なのか細かいことがわかりません。神様はフッとゆるんだ感じの優しさをにじませて、

「天孫降臨、ということになっておる」

と、完全に予想外のことを言います。

「は？　天孫？　降臨……ですか？」

自慢じゃありませんが、私は神話に超といです。というか、正直に言いますと……神話はすべて創作されたお話だと思っていました。なので、本などを読んだことはありませんし、関心もまったくなかったのです。ですから、いきなり「天孫降臨」と言われても、それが何を示しているのか、いまひとつわかっていませんでした。

「たしか、天から初代天皇……神武《じんむ》天皇だったかな？　その天皇が降りて来たんだよね」

と、間違ったことを思いました。すると神様が微妙な表情をしています。

「あの～、神様？　天孫降臨ということに〝なっている〟とおっしゃった、ということは、神様はその人物ではないということでしょうか？」

あれ？　いや、待って待って。違う違う。その人物だけれど、天から降りてきていない、ってことなんだ……とわかり、

「天孫降臨の人物だけれど、天から来ていないってことですね？」

と言い換えると、にっこり！　と神様が笑います。

ということは、神様は神武天皇なのだな、と間違った知識のままで質問をしました。

「神様のお名前はなんとおっしゃるのでしょう?」

神武であると答えるだろうという、確認のつもりで聞いたのですが、

「ニニギノなんたら」

と、ここでも予想外の名前を言われました(天孫降臨とニニギノなんたらと言われた組み合わせは正しいのですが、私の知識が間違っていたため予想外だったのです)。

「え?」

神様は8文字のお名前を言いましたが、「なんたら」の部分は聞き取れませんでした。「ニニギ」という前半の部分は、かすかに聞き覚えがあります。必死で記憶をたどると、読者さんからのメッセージに何回か書かれていた、ということを思い出しました。たしか、神話が話題のメッセージだったように覚えているので、ニニギノなんたらというのは、神話の中に出てくる神様の名前なのでは? と思ったのです。

となると、そのニニギさんが天孫降臨だと言われている、ということになります。あれれ? じゃあ、初代天皇は天から降りてきたんじゃないってこと? と混乱しました。

瓊瓊杵尊《ににぎのみこと》がご祭神

この日は神社に到着して、駐車場から参道を急ぎ、そのまままっすぐ拝殿前に行ってご挨拶やお礼を述べています。「お礼を言わねば！」という気持ちが強かったので、案内やもろもろの看板をすっ飛ばして真っ先に神様のところに行きました。それから神楽殿の方向に歩きながら、「本殿がもっと見えないかな～」と必死で本殿を見ようとしたり、本殿の屋根の写真を撮ったりしていました。

ニニギノなんたらというお名前を聞いた私は……う～、これを書くとまたしても神様に対して失礼な人間だと映ってしまいますが……いや、その通りなので仕方がないとも言えますけど……ああ、もう、うじゃうじゃと言い訳を書いてすみません。神様が言った内容を半分疑って、確認をしに行ったのです。由緒書きのところに～（汗）。

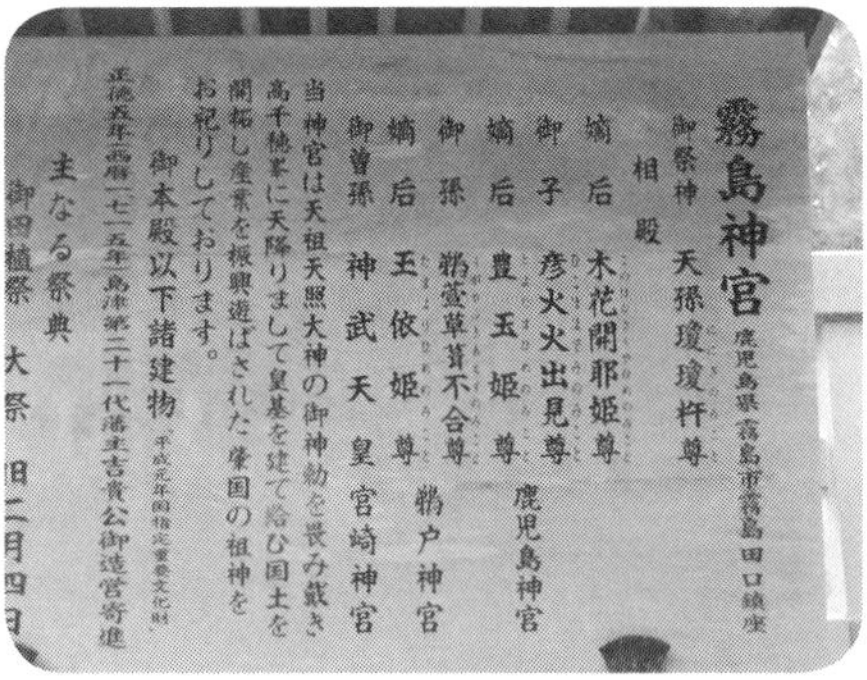

立派な由緒書きには「御祭神　天孫瓊瓊杵尊」と大書されていました。読み仮名も横に書いてあったので、神話にうとい私でもその場で読むことができてありがたかったで

す。その文字を見て、

「うわぁー！　瓊瓊杵尊がご祭神ってなってるやん！」

と、これはもう本当に、ものすごーく驚きました。ビビった、という言葉のほうが適切かもしれません。神様が名乗ったお名前もニニギさんですから、私が架空の存在だと思っていた神話の人物は、実はいた、ということになります。

由緒書きに「天孫」とわざわざ書かれているところをみると、この瓊瓊杵尊が天孫降臨をしたという人物なのでしょう。神武天皇ではなかったのだと、自分の間違いに気づきました。

神様は相変わらず、にっこり〜！　と微笑まれています。そして、こうつけ加えました。

「天孫瓊瓊杵尊とは少し違う」と。

瓊瓊杵尊に近いのではあるが、違うと言うのです。それはさっき言っていた、天から降りてきていない、ということかな？　と思いましたが、どうやら神話に書かれている人物とご本人は違うようなのです。しかし、神様がベラベラとしゃべってくれないため、細かい部分がわかりません。

天孫降臨をしたと言われるような人が、なぜ、こんな山の中に？　という疑問が湧きます。霧島神宮があるのは山の奥深いところなのです。

「あの～？　天孫降臨って高千穂町ですよね？　だったら、その人物である神様は高千穂町にいなければいけないと思うんですけど……」

と、一度行ったことがある高千穂町の様子を思い浮かべて聞くと、神様はにこやかな表情のまま私に聞き返しました。

「すぐそこにある山をなんと言うか？」

「え？　あ！　あああーーーーーーっ！　そうだ！　この山は高千穂峰ですっ！」

この土地にも高千穂という名前があったのです。古代史を研究している人は天孫降臨が高千穂町なのか、高千穂峰なのか、意見が分かれているということをご存知でしょうが、神話に関心がない私は高千穂町だと思っていました。読者さんに高千穂町のパンフレットをもらったりもしていたので、疑うことなくそう思っていたのです。ですから、超古代の信仰が何かわかるかな？　と思って、取材に行ったこともあります。

「では、天孫降臨の土地ってこっちの高千穂だったのですか？」

神様はニコニコしながらうなずきます。

ひょえぇぇーーー！　なんだかいきなり、すごい話になったんですけど～！　と思いつつ、質問を重ねました。

「まさか、まさか、天にいた神様が……人間の体になって天から降りて来た……のではありませんよね?」

いやいや、識子さん……。さっき神様が天から降りて来ていないって、言ってたじゃないですか……と、ツッコミが入りそうですが、興奮していたので、頭に浮かんだ質問を考えることなくバンバンしました。神様は苦笑しながら、

「その時代の〝人間〟だった」

と答えてくれました。ここでいう「その時代」とは、どうやらムラやクニを作るとか、環濠《かんごう》集落とか、そのあたりのことを言っているみたいでした。

「その時に人間だったのですか?」

「そうだ」

神様によると、瓊瓊杵尊という人物のモデルは自分である、とのことです。代々、語り継がれて神話になったみたいで、もともとこのあたりに住んでいたようです。霧島神宮の神様が山岳系ではないことはわかっていましたが、確認のために改めて聞くと、答えはもちろん「ノー」でした。

しかし……あの！　荒々しく大きな黒龍を説得できるくらい、神格が高くて、強い力を持っているのです。もとが人間の神様には無理なのでは？　と思います。人間だった神様にはあの黒龍は抑えられないはず……一体、どういうことだろう？　と考えると、思考の迷路に入り込みました。

高千穂峰

黒龍との再会

２回目の高千穂峰登山をした日はとてもよいお天気に恵まれました。10年前に、次は登ってもよい、と黒龍が約束をしてくれましたが、神仏は約束を違えたりしないですね。最高のお天気にしてくれました。

登り始めて少しすると、黒龍がしゅるる〜んとどこからか飛んで来ました。私のすぐそばまでやって来て、顔をこちらに向けて静止しています。じーっと無表情で見ているのです。相変わらずクールな雰囲気で、「おぉ、こやつめ、やっぱり来たか……」みたいなことを考えているように見えました。

とりあえず、登山をさせてもらえるお礼を言い、改めて前世のお詫びをしました。前世の謝罪は、それはもう細か～いところまで一つ一つ全部しました。そして最後に深々と頭を下げて謝りました。黒龍はわかってくれたみたいで、私への怒りをすべて解いて、空へと昇って行きます。

「あ、待って～。黒龍さん！　私、三原山、富士山、由布岳、岩木山、北海道の駒ヶ岳、のそれぞれの黒龍さんと会ってきました～」

その報告をすると、黒龍はしゅるる～んと戻ってきて、私をじーっと見つめ、それからまた上空へと昇って行きました。ちょっとは食いついてくれるかな、と思った話題だったのですが、あっさり流されました（笑）。

登山をしながら神様を感じてみると、この山の神様はどうやら霧島神宮の神様のようなのです。あれ？　そんなはずはないんだけど？　というか、あるはずがない、と思うのですが、「気」がそうなのです。

高千穂峰は火山なので山岳系神様のはずなのに、おかしい……というか、初回の登山で感じたのは山岳系神様だったのに……霧島神宮の神様は人間の顔をしていたけれど、あれはカムフラージュだったとか？　あ、違うわ、ご本人がもとは人間だったとハッキリ言っていたしな〜、う〜ん、と悩みました。

どういうことだろう？　不思議やわ〜、よくわからない……と思ったのはここまでで、そこから先は登ることに必死でした。正直言って、神様どころではありません。高千穂峰は岩場を登るところがあるのですが、その岩場の距離が長くて、さらにズルズル滑る地質なのです。モォォー！　と叫ぶくらいしんどくて、ヒーヒー言います。

岩場で知り合った2人連れのおじさんと登るスピードが同じだったので、途中まで時々会話をしながら登りました。おじさん2人は地元の方でこれが初登山であり、先輩・後輩という関係だと言っていました。その後輩の方が私が手袋をしていないのを見て、目を真ん丸にしています。

「手袋、お持ちじゃないんですか？」

「ええ、持ってないです」

「危ないですよ！」

そう言うと、予備に持っていた軍手をくれると言うのです。岩場の足元は滑ります。ですから、岩に手をかけて登らなければいけなくて、素手だとちょっと痛いのです。私は10年前に一度登っているのですが、そんなことはすっかり忘れていて、なんの準備もせずに登山をしていました。

初登山なのに、なぜ手袋がいると知っていたのだろう？　と思って質問をすると、高千穂河原ビジターセンターに電話をして聞いたんですよ、という答えが返ってきました。うわ〜、えらいなぁ、そうか、普通はそういうふうに準備をするのか、と思いました。予備まで持って来ているところが「仕事のできる人」という感じです。

しかし、さすがにいただくのは申し訳なくて、一旦お断りしたのですが、

「遠慮はいらないですよ、これ古い軍手なんです。汚れてるでしょ？　どうぞ使って下さい」

と重ねて言ってもらえたので、ありがたくちょうだいしました。

この軍手は、大いに私を救ってくれました。下山する時は、絶対と言っていいほど手袋が必要です。岩に手をつく際に体重がかかるので、下手をすれば怪我をするかもしれません。さらに山頂付近は南九州といっても、真冬でしたから氷点下、手なんか出していられないのです。写真を撮る時に、軍手から手を出してみましたが、ヒイィィィー！　という冷たさでした。「手ぇ、凍るー！」という気温なのです。長く外気にさらせません。

足元が不安定な山の中でまさかポケットに手を入れたままで歩くわけにはいかず、軍手

をいただけたのは、本当にありがたかったです。というわけで、これから登ってみようという方は、手袋をお忘れになりませんように。

ヤタガラスがお出迎えをしてくれた神域入口

岩場の後半はとにかく「無」になって登りました。足元がズルズル滑るため、しんどくてしんどくて、ひたすら黙々と歩きました。斜面を登りきると少し開けた場所に出ます。

そこは「お鉢」部分であり、右側にポッカリと巨大な穴があいています。

うっかり落ちてしまったら上がれないだろうと思われる火口の縁を歩いていると、前回、黒龍に「こっから先はダメ」と入るのを止められた場所がありました。あの時、私が必死にしがみついていた岩があるのです。

「あの岩から先は真っ白になっていてまったく見えなかったな～」とか、「吹き荒れる風に飛ばされそうになったな～」とか、思い出しながら近づいて行くと……。

なんと！　その岩から向こうが神域になっていました。ドンピシャで神域に入れてもらえなかったのだ、ということがわかり感動しました。眷属は「神域を守る！」という気持ちが本当に強いのです。忠誠心が厚いです。すごい、黒龍、本当にすごすぎる……と改めて思いました。

そこから先の道は急に狭くなっています。岩のところまでは広くて幅がありますが、岩から向こうは極端に狭くなっていて、柵などもありません。つまり……あの時に「もしここが切り立った場所なら、風圧にあおられて滑落死してしまう……」と考えたのは正解だったのです。

今回はその神域入口の岩にカラスが止まって、私を待っていました。じーっとこちらを見ています。3次元世界の生き物のカラスですが、見えない世界の大きなヤタガラスが化身しています。足が3本あるヤタガラスです。
あれ？　どうしてヤタガラスがここに？　と不思議に思いました。ヤタガラスと言えば、熊野です。1体だけなぜ鹿児島にいるのでしょうか。私が近寄ると、カラスはどこかに飛び去って行きました。
神域に入って5分くらい進むと、火口の縁から左側に降りて行くようになっています。そこに祠がありました。「霧

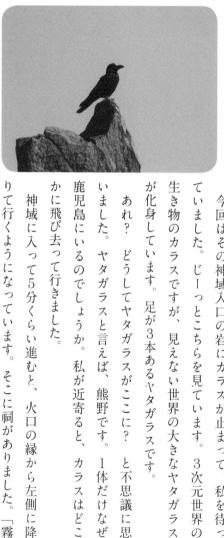

島神宮元宮《もとみや》」と書かれています。小さな祠が設置されているだけですが、とっても気持ちのよい場所となっています。

霧島神宮の元宮ってことは、霧島神宮の神様がここにたまに来るってことなのかな？と思いましたが、とにかく謝罪が先です。この祠は霧島神宮の神様が来た時に宿る場所ではなくて、この山の山岳系神様が宿る祠かもしれません。

正式な謝罪をするのはここなので、前世での失礼の数々を、誠心誠意、心から謝りました。丁寧に謝罪をすると、長く心につっかえていたモヤモヤがキレイサッパリなくなって、非常に爽やかな気持ちになりました。

天の逆鉾がある高千穂峰山頂まではそこ

からさらに150メートルくらい登らなければなりません。距離にすると480メートルという表示がありました。登山道を見上げると、斜面が急なので30分はかかりそうです。ただ天の逆鉾を見るだけかな、写真に撮るだけだろうな、と思うと悩みます。目的だった神様への謝罪はできたし、山頂まで行けば余分に1時間かかるだろうし、体力に自信もないし、しんどそうだし……ここまででいっか、と山頂までの登山をあきらめて、来た道を戻りました。

するると、さきほど軍手をくれたおじさん2人がちょうどやってきて、

「戻るんですか？」

と聞きます。

「はい、ここから登るのがしんどくて～」

「えぇーっ！　せっかくここまで来たのにー!?」

と、2人は驚いていました。一緒に行きましょう！　という、優しい言葉もかけてくれましたが、ご迷惑をかけることになるかもしれず……にこやかにご遠慮しました。

会話の内容が驚きの連続

下山はゼーゼーハーハー言わなくていいので、いろいろと考えることができますし、息が上がっていませんから、神様とも落ち着いてお話ができます。まず、私のこんがらがっている頭で考えたのは神話の神様なのに「瓊瓊杵尊」にモデルがいた、ということです。霧島神宮にいた神様は自分がそのモデルだった、と言いました。

そして、私にとっては不思議で仕方がないことなのですが、どうやら霧島神宮の神様がなぜかこの高千穂峰にいるみたいなのです。私の頭の中ではいろんなことがごちゃごちゃになっていました。とにかく、自分が一番知りたいことから聞こう！　と思いました。

「神様は霧島神宮の神様ですよね？」

「そうだ」

ああ、やっぱりそうなんだと納得して次の質問です。

「瓊瓊杵尊のモデルというのは、一体どういう意味なのでしょうか？」

神様の説明では、大昔は文字がなかったため、父親から息子へ、息子から孫へ、そしてひ孫へと、大切なことは口で伝えたそうです。そうやって長い時間をかけて伝わったものが、途中から徐々に神話として形を変えたと言います。

ニニギさんは「ムラ」が社会として機能するように、秩序が保てるように、ルールを作った〝最初の人〟だそうです。人の物を盗んだらペナルティを科しましょう、人に暴力を振るったら罰を与えましょう、というような決まりを作ったそうです。

それまでは全然統制がとれていなくて、ただ人間が集まっているだけの集団だったため、ルールもなく、ギャーギャーもめたり、あちこちでケンカをしたり、そのような生活だったそうです。それを初めて、秩序正しくしたと言いますか、サルのような集団を人間の集団にしたのがニニギさんだということです。

「それって、最初の王ってことになりますか？　いや、最初の天皇ってことでしょうか？　あれ？　ということは……ヤマト民族の発祥の地はここ？　って、ことでしょうか？」

「そうだ」

神様は軽く答えましたが、私としては「えええーっ‼」という感じです。

ヤマト政権って奈良で……纏向《まきむく》古墳とか、唐古《からこ》・鍵《かぎ》遺跡とか、石舞台《いしぶたい》古墳とか、あの付近で始まったのでは？　と、ここもうろ覚えの知識でそう思いました。奈良から遠い、こんな僻地（大昔の話です）の南九州がヤマト民族発祥の地ってありえないんですけど……とぶつぶつ考えていたら、

「ここから、お前が言うその大和《やまと》へ行った」

えええええーーーーーっ‼

いや、落ち着け落ち着け、私……と、とりあえず冷静になるよう自分を抑えました。そこで考えてみました。

そういえば神武天皇が東征《とうせい》したとかなんとか、そういう話があったような気がする……。しかし、この神様はニニギさんです。ということは、実際はニニギさんが東征をして、神武天皇がしたというのは創作されたお話なのねと、私はそう考えました。

「大和に行ったというお話ですが、この宮崎という土地は南国で暖かいし、食べ物もたくさんあって、過ごしやすいと思います。どうしてここから、わざわざ奈良のほうまで行ったのでしょうか？」

「神託である」

ええええーっ‼

もう何もかもが驚きの展開です。神様に、都を東のほうに作らなければいけないと言われたそうです。ニニギさんが直接聞いたわけではなく、神様の声が聞ける人（シャーマン）がいたので、その人を通してご神託をもらったそうです。

しかし、なぜ？　奈良のほうに都を作る必要があったのか？　と思いました。

神様の説明によると、南九州のこの場所だと、日本を統一する時に関西ですら遠く、さらに遠い距離にある関東だの東北だのは押さえておくことが難しい、というアドバイスがあったようです。たしかに現代だったら飛行機や新幹線でその日のうちに行けますが、太古の時代ですから「なるほど」と納得できます。

そして、さらに驚くことに……ここから大和へこのニニギさんが行ったのかと思ったら……。

「孫が行った」

と、さらっと言うではありませんか！

「えっ‼　お孫さんが？　大和へ行ったのですか？」

聞けば、息子の息子が行ったと言います。

会話の内容が驚きの連続で、実は……このあたりで非常に多くの疑問が湧いて、「本当なのだろうか？　それは本当の話？」などと疑う気持ちがかすかに出てきました。神様ですから、嘘は絶対に言いません。そこは知っていても、素直に全部信じることができないのです。ヤマト政権あたりの歴史を詳しく勉強していないため、下地がないことが原因だと思います。

巨大ヤタガラスがいる高千穂峰

それでもあれこれ質問を重ねていると、さきほど見たヤタガラスが、ニニギさんの孫が大和へ行く時に道案内をした、とわかりました。シャーマンが孫一行に同行して、ヤタガラスが飛ぶ方向をいちいち確認してあとをついて行ったそうです。

当時は地図もコンパスもありません。迷わずに、しかも大河や崖、通過できないような山を避けて行くには、神様に道を教えてもらわねば安全に旅行はできません。やみくもに進んだら、大きくて深い川があるから進めない、崖を登れない、山に入り込んでしまって方向がわからない……という状況になったりするわけです。そこでヤタガラスに安全な道を先導してもらったそうです。

このヤタガラスは巨大であり、パワーも強いです。実は下山中にも会ったので、いろいろと質問をしてみたのですが、性質がクールなため返事がそっけなかったです。たった一つの質問だけ長めに答えてくれました。

「あれ？　ヤタガラスさん、道案内をして大和まで行ったのに、どうしてここにいるのですか？」

「行ったら、戻ってくるに決まっているだろうが」

「え？　ええ、まぁ、そう言われればそうですが……」

というこの会話のみです。長めの回答をしてくれたのは。

このヤタガラスはもしかしたら、このあたりの山岳系神様の眷属かもしれません。一応、奈良まで案内をしたけれど、帰ってきたみたいです。どうしてこんなにクールなのに人間の道案内をしたのか？　が疑問でした。


瓊瓊杵尊は、古事記や日本書紀では複雑な長い名前になっています。どちらの書物にもいくつかずつ長い名前が書かれているのです。けれど、本人によると、「ニニギノなんたら」という8文字のお名前でした。「ニニギノ」の部分はそのまま伝わっているので、ある意味、古事記や日本書紀などの神話のところは正確に伝わっている部分があるのかもしれない、と思いました。

ニニギさんがこの高千穂峰にいるということは、山岳系神様になれたとそういうことかな？　と考えましたが、どう見ても違いますし、そんなことはありえません。なんだかよくわからないのですが、霧島神宮のご祭神も、高千穂峰にいるのもこのニニギさんです。

この時点では、私にはわからないことがたくさんありました。なぜ、大和という当時の日本の中心からかなり離れている南九州が、天孫降臨の地となっているのか？

普通に考えたら奈良の山を天孫降臨の地にするように思います。奈良には三輪山もあるし、どの山でもいいのでは？　と、現代に生きる私はそう思うわけです。それなのに、どうしてわざわざあんなに遠いところにある高千穂峰になっているのか？

地域が南九州でなければいけないとしたら、パワーから言えば噴火する桜島のほうが強いわけです。なぜ桜島ではないのか？　さらに、天孫降臨が山の上なのはどうしてなのか？ということも疑問です。人間は里に住んでいますから、天から里に降りたことにすればいいものを、なぜ古事記を書いた人は山の上にしたのか？

そのような疑問を抱いたままで、この時の登山は終了しました。なんだかよくわからないけれど、霧島神宮の神様がここにも来ていて、天孫降臨のルーツはここで、人間だったニニギの神様はそのモデルだった、とそれだけを理解して次の神社に向かいました。

余談ですが、黒龍との関係は劇的な改善がありました。下山中にもそばに来てくれたので、

「黒龍さん、黒龍さん同士の、共通の記憶の中にある私の情報を書き換えてもらえませんか?」

ということをお願いしてみたのです。

どこの神社に行っても、そこに黒龍がいたら、「あ〜、ハイハイ、お前ね! お前は失礼なことを平気でするやつやね」と、私はそのような目で見られるわけです。なので、へたをすると、「お前、マジ、アカンやつやん。話なんか聞かれへんわ」となるかもしれず、共通の記憶に書かれている私の記憶を書き換えてもらうようお願いをしたのでした。

すると、黒龍は、

「たとえ失礼なやつとでも、そこに書かれていれば、特別な人間だと認識してもらえるぞ」

と言うのです。

え? そうなんですか? じゃあ、それも悪くないかな〜、と思いましたが、いやいや、やっぱり失礼な人間である、というレッテルはイヤです。

「やっぱり書き換えて下さい。あいつはいいやつだぞ〜、って」

そう言うと、黒龍はしゅるる〜んとそのへんを大きく一周してきて、私の前で静止をし、顔をこちらにヌッと突き出すと……「ニッ!」と笑いました。

「！！！」

龍って笑うんだ‼　こんなふうに‼　と、初めて見るその笑顔がプレゼントのように思えました。龍の笑顔はとても縁起がいいので嬉しかったです。そして、共通の記憶はどうやら書き換えてくれたようでした。

鹿児島神宮

初参拝で見えた女官たち

この神社も張り切って参拝しましたが……「ん？　なんだかよくわからない」という印象で終了しました。神社は大きいです。参道を突き当たり付近まで行くと、拝殿が参道の右側に、参道に向けて建てられています。

神門かと思う立派な建物があって、参拝者はその拝殿の右横にある石段を上がり、拝殿に横から入ります。拝殿の真ん中を突っ切っている通路があるので、そこを通るといいますか、その通路で手を合わせます。変わった社殿なのです。

神様はもちろんおられます。いらっしゃることはわかるのですが、詳細がわかりません。

お姿も見えません。多くの神社仏閣をまわっていると、このようなこともたまにあります。わかる時期が今ではない、ということなので、無理をして知ろうとしてもできない、ということも熟知しています。それ以上頑張っても見えてくるものはありませんから、本殿の周囲にある境内社だけを見せてもらいました。

あ、そうだ、トイレを借りておこう、と思った私は、駐車場に戻る時にトイレに寄りました。境内のすぐ外にあります。そこからふたたび参道に戻ったのですが……。

参道に戻ったところに、古代の女官と思われる女性たちが待っていました。私が参道に入ると、私のそばにツツツーッと寄って来るのです。人数は10人ほどです。一瞬、ビビリましたが、どうやらお見送りをしてくれるようでした。

女官の衣装は高松塚古墳より古い時代のようです。白い衣装なのですが、袖口の部分に赤と緑のラインが入っています。正面の衿の合わせ目のところにも、同じく赤と緑のラインが入っていました。ですから、真っ白い衣装でも少し華やかです。手は反対側の袖の中に入れたままで、反対の腕のヒジ部分を持っているみたいです。腕組みをしているようなポーズでした。どうやら女性は手を見せないのが礼儀だったみたいです。

その女官たちが「こちらへどうぞ」みたいな感じで、会釈をし、私を駐車場へと導くの

です。両側に5人ずつ、「ささ、どうぞどうぞ」というジェスチャーで、女官たちはザザーッと私の歩調に合わせて動きます。とても丁寧なお見送りで恐縮なのですが、どうして見送ってもらえているのかわかっていません。

というか、ここの神様はこのような〝女官〟をつけているお人である、ということです。その時に、チラッと神様が見えて、男性の……やんごとなきお方、というふうに見えました。

この日はここまでしかわかりませんでした。いろんなものがいっぱいありそうな神社でしたが、わからないものは仕方がないです。お礼だけを述べて失礼しました。

このあとも鹿児島のあちこちをまわって、いくつもの神社を参拝したのですが……見事にどこもわかりませんでした。桜島と開聞岳《かいもん》だけは神様が完全に別方面で、お話を聞くことができましたが、他の神社はすべてコンタクトできなかったのです。

なにか、一つのことで繫がっているようでしたが、それを私が知るのは〝今〟ではない、ということです。きっといつか教えてもらえるのだろうけれど、でも、それもいつになるのかわかりません。ま、仕方ないな、ということで、それ以上は考えませんでした。ただ……近いうちにまた来るのかな、という予感はありました。

打ち合わせにて

決まるべくして決まったテーマ

ハート出版の担当者さん、デザイナーさんと新刊本の打ち合わせをしたのは、2019年の1月下旬のことでした。この宮崎・鹿児島取材から戻って4日後のことです。

打ち合わせの内容は新刊本のテーマについてでした。「これでいきましょう」という、ハート出版さんのほうでほぼ決定していたテーマがあって、私もそのテーマに向けていろいろと考えていたところでした。

打ち合わせの席で、ほぼ決まりのテーマ以外にも、もしかしたら何かもっとよいものがあるかもしれないということで、３人であれこれ意見を出していました。

そんな打ちとけた雰囲気の打ち合わせですから雑談も多く、そこで私は何気に「先週、南九州に行って来たんですよ～」と、この取材のことを話したのです。

深い意味があったわけではなく、せっかく行ったのにわからない神社が多かった、こんなにわからないのも珍しいというような世間話でした。

宮崎神宮がヤマト民族の神様のようだ、ニニギさんが霧島神宮と高千穂峰にいて、瓊瓊杵尊のモデルらしい、ニニギさんの孫が奈良へ行ったらしい、という、わずかですが取材で知ったことも話したのです。

するとお２人とも急に「ふむふむ」と真剣な表情になって、メモをしながら聞いています。

私にとっては、古代の人の話というだけでしたが、「古事記」を知っている人からすれば、「そこをもう少し詳しく……」となるみたいです。

しかし、私が現地で深いところまで聞いていなかったため、ほんのさわり部分だけしかわかりません。それでも、「その話は面白い」「興味深い」という感想をもらったのです。

話を終えた時に、担当者さんにこう言われました。

「今、ここで決定することはできませんが、こちらをテーマにして書いてもらうことはできますか？」

「書くとしたら、また宮崎と鹿児島に取材に行ってきますが……。もしかしたら、ですけど、書く時期がまだだとすると、行ってもわからない可能性があります。それでもよろしいでしょうか？」

「わからなかったら、それはそれで仕方がありません。かまいませんよ。その時は、また考えましょう」

ということで、お2人はこのテーマを一旦会社に持って帰り、会議にかけると言っていました。そして後日、正式に「古事記のテーマでお願いします」という依頼をいただきました。

第2章 古事記

古事記とは

日本最古の歴史書

私は神話が苦手でした。その理由は、すべてのエピソードが創作されたものだと思っていたからです。全国のあちらこちらに神話の神様がご祭神となっている神社があります。そこで、神話の神様とコンタクトができないか試してきましたが、一回も成功をしたことがありません。神話の神様と会ったことがないのです。なので、すべてストーリーの中で作られた神様なのだろうと思っていました。古事記は大昔のファンタジー小説のようなものだと、とらえていたのです。

神様の名前が複雑で長い、しかも覚えにくい、さらに人数が多い……なども、本を読もうと思わなかった理由の一つです。多くの神様が、それはもう、うじゃうじゃと出てきて、その関係がよくわからないのです。

それでも子どもの頃は、ヤマタノオロチを退治する話や、海彦と山彦の話、因幡《いなば》の白ウサギの話などを絵本で読みました。けれど、絵本で読んだそれらはおとぎ話でした。

８つも頭があるヘビがいて、そのヘビが人間を食べるとか、人間が（神様ですが）海の世界に滞在するとか、サメの背をぴょんぴょん跳ぶウサギがいて、皮をはがされてもガマの穂で治るなど、私の中では完全に絵本の世界だったのです。

大人になってからも、神様のことが書かれているという書物なのに、どうしても興味が持てなかったのは、書かれている神様が……こう言ってはなんですが、ひどく人間っぽくて、現実の神様とまったく違うからです。

古事記に登場する神々は、神様より格下の人間でも「それをしてはダメなのでは？」と思うようなことをしたり、言ったりします。実際に神社などで私が見る、私が知っている神様方とはハッキリ言って別の存在です。ですから、古事記は遠い昔に創作されたお話なのだな～、とそのように受け取っていました。

南九州で私が聞いてきた内容が古事記と関係があるのでは？　と言われると、急に古事記や当時の時代が身近に感じられ、真相を知りたい！　と思いました。そこで、とりあえず古事記を勉強しました。まったく知らなかったら、話すらできないので、ちょっと頑張ってみたのです。

以前の私のように、古事記にまったく興味がないという方のために、古事記とはどのような書物なのかをざっとお伝えします。

百科事典マイペディア

【天武天皇の企画に基づき太安麻侶（おおのやすまろ）が712年に撰録した日本最古の歴史書。3巻。記と略し、《日本書紀》と併せて〈記紀〉と呼ぶ。成立事情を伝えるものは本書の序文のみであるが、それによれば、天武天皇が当時の帝紀・旧辞（本辞）の誤りや乱れを正すべく、稗田阿礼（ひえだのあれ）に勅語して帝王日継（ていおうひつぎ）と先代旧辞を誦習（しょうしゅう）させた。しかし、未完に終わったため、711年秋に元明（げんめい）天皇が安万侶に命じて阿礼の口誦を撰録させ、翌年正月に完成した。上巻は天地開闢（かいびゃく）からウガヤフキアエズノミコトまで、中巻は神武天皇から応神天皇まで、下巻は仁徳天皇から推古天皇までの記事を収め、神話・伝説と多数の歌謡を含む。全編が〈邦家（ほうか）の経緯、王化の鴻基（こうき）〉に象徴される、天皇家を中心とする国家統一の思想で貫かれているが、文学古典としての価値、国語研究上の価値もみのがせない。】

精選版 日本国語大辞典

【奈良時代の歴史書。三巻。天武朝に企画され、天武天皇の命で稗田阿礼(ひえだのあれ)が誦習（文字化された資料の読み方を習い覚えること）した帝紀（天皇の系譜・皇位継承の次第を柱とする天皇記）と旧辞（古伝承）を、元明天皇の命を受けた太安万侶（おおのやすまろ）が撰録したもの。和銅五年（七一二）成立。巻頭に安万侶撰進の上表文を載せる。上巻は国土形成の起源と王権の由来を神代の事柄として記し、中巻は神武天皇から応神天皇まで、下巻は仁徳天皇から推古天皇までの国家の形成史・皇位継承の経緯を系譜と物語によって記す。天皇を中心とする中央集権国家の確立にあたって、律令がその制度面での手段であるのに対して、理論的・精神的な支柱とすることを目的としたもの。一一一首（一説、一一二あるいは一一三首）の歌謡や、文学性にも富んだ歌物語風の説話は、天武朝以降の新しい文学史的動きと密接に関連する。】

ブリタニカ国際大百科事典

【日本現存最古の歴史書、文学書。3巻。序(上表文)によれば、天武天皇の命によって稗田阿礼(ひえだのあれ)が「誦(しょう)習」していた『帝紀』『旧辞』を、元明天皇の命によって太安麻呂(おおのやすまろ)が「撰録」し和銅5(712)年献上したものである。しかし、「誦習」「撰録」の具体的内容については諸家の説が分れ、また序を疑う説、ひいては『古事記』そのものを偽書とする説もあるが、上代特殊仮名づかいの存在により和銅頃の成立であることは確実。天地の始りから推古天皇の時代までの皇室を中心とする歴史を記すが、実質的には神話、伝説、歌謡、系譜が中心で、そのため史料としてはそのまま用いがたい面が多いが、逆に文学書としては興味深い存在といえる。】

古事記は歴史書だったのですね。私は本気でファンタジー神話だと思っていたので、根本的な部分で間違っていました。約1300年前、奈良時代に作られた日本最古の歴史書なのです。内容はと言いますと、エピソードが小さなものも含めてたくさんあって、全部書ききれないため、代表的なものをご紹介します。

1 国生み

高天原《たかまがはら》（天上界）と葦原中国《あしはらのなかつくに》（地上界）ができ、天上界である高天原に、神様がまず7柱生まれます。その後も次々に生まれ、最後にイザナギとイザナミの神が生まれました。この2柱の神様は天《あま》の浮橋《うきはし》から矛《ほこ》で海を「こうろ、こうろ」と言いつつかきまわして、オノゴロという島を作ります。その島に神殿を建てて、結婚をし（結婚のやり直しをしたりもしますが）、たくさんの日本の国土と神を生んでいます。

イザナミが火の神を生んだことによって、火傷により命を落としてしまいます。イザナギは怒りのあまりその子を殺して、イザナミ恋しさに黄泉《よみ》の国（死者の国）に迎えに行きます。

しかし、イザナミはすでに黄泉の国の食べ物を口にしており、黄泉の国の住民となっていました。人間界に戻ることは簡単ではないため、「黄泉の国の神々と相談をしてきます」と言います。さらに「相談をしている間は、姿を見ないで下さいね」とイザナギにお願いをします。

最初は言われた通りに待っていたイザナギですが、我慢ができずに覗いてしまいます。イザナミの変わり果てた恐ろしい姿を見て、我に返ったイザナギはそこから逃げますが、脱出するまでにけっこう苦労をします。

つる草や櫛を追手に投げたりしてなんとか逃げ、最後に桃の実を3個投げます。たった3個の桃の実は1500もの追手を撃退し、イザナギは無事に脱出に成功します。

やっとのことで黄泉の国から戻り、その時に禊《みそぎ》を行なっています。その禊から天照《あまてらす》大神《おおみかみ》と素戔嗚尊《すさのおのみこと》、月読尊《つくよみのみこと》が生まれています。この3柱の神様は姉弟であり、ここからは天照大神と素戔嗚尊が中心人物となってお話が進んでいきます。

天の岩戸

素戔嗚尊は母であるイザナミを恋しがって、毎日泣き暮らします。あまりにもおんおん泣くため、海原《うなばら》の統治を任されていたのですが、追放されてしまいます。それで高天原に行くわけですが、天上界で乱暴を働くことが多く、素戔嗚尊の素行にショックを受けた天照大神は岩屋に隠れてしまいます。

天照大神は太陽神ですから、隠れてしまうことによって、高天原も葦原中国も暗闇になってしまいました。

なんとかしなければと神々が相談をし、岩屋の前で宴会を開きます。踊りが上手な神様にダンスをさせて盛り上がり、楽しそうに過ごしている声を天照大神に聞かせます。天照大神のほうは「なぜそんなに楽しいのだろう?」と、不思議でなりません。

外の様子を見たくなった天照大神が岩戸からそっと覗いた時に、すかさず鏡を差し入れています。鏡に映った自分自身を見た天照大神は、別の太陽神がいるのだと勘違いをして身を乗り出します。その瞬間に岩屋から引っ張り出されて、世界はふたたび明るくなります。

この後、素戔嗚尊は高天原から追放されます。

ヤマタノオロチ退治

高天原を追い出された素戔嗚尊は、葦原中国の出雲に降ろされました。

この出雲で、毎年この時期になると、ヤマタノオロチという怪物に娘を食べられているという老夫婦に出会います。老夫婦の娘はすでに7人が犠牲になっていて、最後の8人目となる娘、クシナダヒメも食べられてしまうと泣いているのです。

素戔嗚尊はクシナダヒメを嫁にもらうということで、ヤマタノオロチを退治すると約束をしました。大きなカメを8個用意し、その中に強いお酒をたっぷり流し込んで準備をします。

ヤマタノオロチはお酒に誘われてやって来て、ガブガブと飲み、したたかに酔います。そこを素戔嗚尊が襲って見事に退治をします。大蛇の尻尾を切った時に、神々しい剣が出現したため、この剣を天照大神に献上しています。これが「三種の神器《じんぎ》」の一つである「草薙剣《くさなぎのつるぎ》」です。

因幡の白ウサギ

葦原中国の因幡というところでのお話です。大国主命《おおくにぬしのみこと》がまだ大己貴命《おおなむちのみこと》と名乗っていて、兄弟神にこき使われていた時のことです。ウサギがしくしく泣いていたので大国主命が、どうしたの？　と声をかけました。

隠岐《おき》の島にいたウサギは海を渡って本州に来たかったので、サメを騙したと言います。仲間の数比べをしようと誘い、サメを海面に並ばせたのです。ウサギは数を数えつつ、その背中をぴょんぴょんと跳びました。

あと少しで陸地、というところで、ウサギは騙したことをうっかりサメにしゃべってしまいます。騙されたことに激怒したサメたちは、ウサギの皮を剥がします。

そのような状態でいたところ、大国主命の兄神たちがそばを通り、ウサギに「海水を浴びればいい」と嘘を教えました。ウサギはそのアドバイスに従って海水を浴びてしまい、塩が傷にしみて痛がって泣いていたのでした。かわいそうに思った大国主命は、正しい治療法を教えています。

この優しい大国主命が、のちに葦原中国を統一します。

国譲り

大国主命が葦原中国を統一したのを見て、天照大神は、「葦原中国は我が子が治めるべきである」と宣言します。3人ほど高天原から天降りをさせましたがうまくいかず、4人目の建御雷神《たけみかづちのかみ》が降りて行って、ついに葦原中国（出雲）を平定させ、この神様は高天原に戻ります。

天孫降臨

出雲の国譲りもうまくいき、天照大神は息子である天忍穂耳命《あめのおしほみみのみこと》に葦原中国に行って統治をするように命じます。しかし、天忍穂耳命が天降りの準備をしている間に子どもが生まれます。天照大神にそのことを報告をし、「この子を葦原中国に行かせてはいかがでしょうか？」という提案をしています。

その子どもというのが瓊瓊杵尊《ににぎのみこと》です。

猿田彦神《さるたのひこのかみ》が先導をして、他の神々も従えて、瓊瓊杵尊は高天原から葦原中国へと降りて行きました。これが「天孫降臨」です。この時に「三種の神器」を天照大神が瓊瓊杵尊に授け、皇位の璽《じ》となっています。

たった3人で古事記を制作!?

有名なエピソードだけを、しかも簡単に説明させていただきましたが、きっとなんとなく、知っているお話ばかりだったと思います。さて、ここでちょっと個人的見解を述べさせていただきます。学者の方とは違う意見だと思われますので、例によって「識子さんはそう思うのね、ふーん」程度にお読みいただければ、と思います。

そもそも古事記は、天武《てんむ》天皇が作ろうと考えた歴史書です。「当時の帝紀・旧辞（本辞）の誤りや乱れを正すべく」と辞典に書かれているように、もととなる帝紀・旧辞（本辞）には間違いが多かったわけです。

帝紀というのは、天皇の名前や享年、治世年数、皇居の場所、治世中の出来事などが記されていたと思われる書物です。旧辞は、神話、歴代天皇の伝承、歌謡などが書かれていた書物のようです。どちらも口伝えで伝えられていたものが６世紀頃にまとめられたらしいです。

これを正す……のが、容易ではなかったことは、簡単に想像がつきます。

書かれている内容は天武天皇のその時代ではなくて、もっともっと年代を遡ったものだからです。現代のように書物や古文書がたくさんあったわけではありません。パソコンもなかったのです。正すのは……至難のわざだったに違いない、と思っています。

神話の部分も完全に伝承、それも口伝えだったのですから、各地で全然違う内容だった可能性があります。それをたくさん集めて編纂する時に、どの説を取るのかで内容が変わってきます。

学者が大勢で編纂をしたというのなら、まだ話はわかるのですが……天武天皇は稗田《ひえだの》阿礼《あれ》という舎人《とねり》（プライベートな雑用のお世話をする係）、たった１人だけに習わせるのです。いくら頭がよくても、１人きりであの量を……と思ってしまいます。

それをまた、太安万侶《おおのやすまろ》がたった１人で選録するのです。いいとか悪いとか、そのような意味で言っているのではなくて、「間違いは多いだろうなぁ」と思います。たった３人で作った書物ですから、細部までがすべて正しい、というわけではないのでは？　というのが私の個人的な意見です。

古事記は天皇の私的な書物だったかもしれないという説もありますし、意図的に書き換えている部分がないとも言えない……という書物のようなのです。


日本という国で神々が次々と生まれ、国土も生まれ、高天原や葦原中国でいろんなことがあった……という流れについては、「ふむふむ、なるほど〜」と楽しく読みました。神様が、生まれたばかりの子どもを殺すとか、姿を見ないでと言われていながら見てしまうとか、神様なのに意地悪をするなんてところもあったりして、「あれ？」と、違和感を覚えるところもあります。でも、そんな物語なのだな、と思って読みました。

で、読んでいて、どうしても「？」となったところがあります。天照大神の孫である瓊杵尊が「天孫降臨」で天上界から降りてきた、というところです。天照大神の孫だったら、当然、神様です。

神様が人間の姿になって降りてきた、というのは、ん〜〜〜〜、まぁ、わからないでもないかな……という部分もあります。ありえないけどなー、という思いは消えませんが。

そしてそのまま地上で生活を続けた、もなんとかスルーできます。けれど、死んで陵に祀られた……という、この部分が納得できないのです。

私が見たニニギさんは人間でした。そしてその本人が、瓊瓊杵尊のモデルだと言っていました。どういうことなのだろう？　と、そこを知りたいと思いました。さらにニニギさんは、「孫が奈良に行った」とこれもハッキリとそう言っていました。しかし、古事記では神武天皇は瓊瓊杵尊の曾孫《そうそん》なのです。

古事記とは微妙に違う部分があります。けれど、大きく見れば内容が一致しています。古事記に書かれているこのあたりのことと、私が霧島神宮の神様に聞いたことはどうやら同じ時代のようです。

今までファンタジー神話の古事記という考えでしたが、俄然真実味を帯びてきました。古事記は事実を書いている書物かもしれないのです。ということで……ふたたび、宮崎県と鹿児島県に取材に行きました。前回の取材からわずか３ヶ月後のことでした。

第3章

古事記と南九州の深い関係

高屋山上陵

瓊瓊杵尊の息子「山幸彦」の御陵

高屋山上陵《たかやのやまのえのみささぎ》は鹿児島県霧島市にあります。瓊瓊杵尊《ににぎのみこと》（漢字で書いているのは古事記の登場人物です）の皇子で「山幸彦」と呼ばれる「天津日高彦火火出見尊（アマツヒコヒコホホデミノミコト）」の陵です。鹿児島県の「神代《かみよ》三陵（可愛山陵《えのみささぎ》・高屋山上陵・吾平《あひらの》山上陵《やまのえのみささぎ》）」の中の一つなので行ってみました。ちなみに神代三陵は、すべて神話の神様のお墓となっています。

神様なのにお墓がある……というところにしつこく疑問を感じてしまいますが、行けば何かがわかるかもしれないと思って参拝しました。

高屋山上陵は鹿児島空港から近く、車だと10分もかからないので、ここが取材のスタートとなりました。

観光客は誰もいなくてシーンとした静かな陵でした。神話の神様のお墓にしては、陵の〝場〟が新しすぎる、という印象を持ちました。古代からのお墓だったら、なんと言いま

すか、もっと重々しい雰囲気があるはずなのです。古いものは時間のパワーみたいなものを持っているからです。埋葬されている人の思いなども、時間の重みを帯びているのが普通です。

それらがまったくなくて、ここに眠っているのは山幸彦さんのモデルとなった人物ではないのでは……と思いました。古代人のお墓ではなさそうです。

調べてみると、近年になって「山幸彦さんのお墓はここね」と定められたそうですから、古い時代のお墓ではない可能性があります。

しかし、ここにいる人物は見えました。身長が１５５センチくらいの、とっても痩せた男性です。35歳くらいでしょうか。まだ若いです。顔がしゅっと細くて、顎が尖っています。「痩せてるな〜」とずーっと思ってしまう、それくらいスリムな方でした。

一応、古墳時代のような服を着ています。鉢巻というか、バンダナみたいなものを額に巻いていて、その柄が縦の細いストライプとなっており、赤と紺と白の3色でした。

そのような服装をしているので、いつの時代の方なのか知りたくて一生懸命に話しかけてみたのですが、何も答えてくれず、本人からも何も言いません。一切しゃべらないのです。しゃべってくれないとさっぱりわからずで……このような人がいました、というご報告です。

陵の真向かいに小高い丘みたいなところがあって、登ってみると記念碑と案内板がありました。案内板には他の御陵のことや神社の紹介などが書かれていましたが、なんだかこの土地と合っていない、という感じが否めませんでした。

狭野神社

可愛らしい白い存在がいる神社

森閑としているけれど、それがいい雰囲気を醸し出している神社です。森だけが持つ、森特有の「気」があります。駐車場は神社の正面にあるのですが、私は西側から行ったため、西にある小さな駐車場に停めました。

西側の鳥居のそばに神社名の看板があって、そこには「西参道」と書かれており、あとから正面入口まで行って確認をしたら、そちらが表参道で表示は「南参道」となっていました。

西側から境内に入ると、手水舎のところに立派なご神木があります。すごく優しい「気」を放出している木で、どうしてしめ縄をつけていないのだろう？　と思ったくらい、強いパワーを持っています。

手水舎で手を清めて進むと、すぐに社殿の正面に出ました。広々とした場所なので、すがすがしさを全身に浴びることができて、とても心地よいエリアとなっています。ごく一般の神社とはちょっと違った雰囲気の、森のオーラが強い境内です。

社殿前にも大きなご神木があって、こちらはしめ縄が巻かれていました。「狭野杉《さの》」という説明があり、樹齢400年と書かれていました。

拝殿で祝詞を唱えてご挨拶をすると、小さくて白いものがワラワラと社殿から出てきました。現実界ではなくて見えない世界でのことです。え？　何だろう？　と見ると、2段になった丸っこい形をしています。子ウサギ？　と最初は思ったのですが、違いました。

小さな雪だるまのような形状をしていて、目鼻などが何もないのです。数は30～40個といったところでしょうか。うわぁ、たくさん出てきた～、と思う数です。しゃべるような存在ではありませんし、なんなのかは、私にもわかりませんでした。しかし、祝詞で出てきたので神様に関係のある存在ということは確かです。

この神社で古代を感じようとしましたが、どうやらニニギさん（古事記に登場する人物〈天照大神の孫〉ではない、実在した人物のほうはこう呼ばせていただきます）の時代より、新しい神社みたいでした。神武天皇の幼名が「狭野尊」だったそうで、このあたりが生誕地と言われているようですが、神社はその当時からあったのではないみたいです。

悩みの相談に乗ってくれるご神木

表参道を歩き、隅々までしっかり見て、帰りにふたたび手水舎のところにあるご神木の下に立ちました。下からまじまじと見上げていたら、

「人間関係で悩んでいるなぁ」

と言われました。

「ええ、そうなんです！　いろいろと相手にわかってもらえなくて……」

うじうじと悩みを話していたら、

「こだわるな」

というアドバイスをくれました。人間同士でどうしてもうまくいかない時は、こだわったらダメなのだそうです。相手にわかってもらおう、理解してもらおう、と必死に自分を押しつければ押しつけるほど、悪化をさせると言われました。

ご神木の横には小川が流れていて、リズミカルなせせらぎの音が聞こえていました。「自分の意見を理解してもらお

う」「相手にわからせよう」「こちらが正しいのだ」などの感情を、小川の水のように、さらっと流さなければうまくいかないのだそうです。

人間関係はこじれればこじれるほど、なんとかしよう！　わかってもらおう！　とこだわってしまいますが、そのような状態になったら、もうあっさりと手放したほうがよいとのことです。

あ〜、なるほど、そうかもしれないと思いました。こちらの立場や考え方をわかってもらおうとすると、いろんなものを押しつけることになる、というのも納得です。それまであれこれとけっこう悩んでいたのですが、「じゃあ、もう、こだわらんとこ〜っと」と決めたら、心がスーッと軽くなりました。

ついでに言えば、起こってしまったイヤなことも、すごく名誉に思うことも、流すべきだそうです。イヤなことを流さずに持っていたら、いつまでも腹が立ったり、ショックに思ったりするため、心の傷が癒えない場合があるらしいです。しつこく持っていると、記憶が濃くなってしまうので、そのイヤなことが常時心のどこかに存在していて、よくないとのことです。

すごく名誉に思うことは、それをうまく持てる人が少ないと言っていました。ほとんどの人は持っていると調子に乗る原因になるそうです。調子に乗る程度だったらまだいいほうで、傲慢になる人もいると言っていました。人間の心は複雑なので、いろいろと難しいですね。このご神木にいただいたアドバイスは大事にしようと思いました。

ありがたいことを教えてくれる高級霊が宿っているご神木です。このようなご神木があるということは、古くから信仰をされてきた神社には違いないのですが、ニニギさんに関係することは見つけることができませんでした。

霧島東神社

天の逆鉾はこの神社の社宝だった

高千穂峰の山頂には「天の逆鉾」があります。その逆鉾は誰が山頂に立てたのだろう？と調べてみて、霧島東神社の社宝だということがわかりました。そこで今回、この神社を訪れてみたのです。

神社入口の由緒書きには、第十代崇神《すじん》天皇の時代に霧島山を信仰するお社として創建され、その後は修験者たちの拠点になっていた、と書かれていました。

境内に入って少し歩くと、緩やかな坂道になっています。そこを登っていくと、ここから社殿まで一直線です、というところに神門があります。その神門の手前に、大きな2本の杉があり、その2本の杉の間にしめ縄が張られていました。

しめ縄に下がっている紙垂《しで》が何枚も重ねてあるので、ものすごく縁起がいいです。一瞬、幣《ぬさ》？　と思ったくらい、紙垂がそよいでいました。杉の間には小さな太鼓橋が作られていて、その上を歩くようになっています。

ここを通ると縁起がよいだけでなく、しめ縄のおかげ、杉のおかげで禊にもなります。心身ともに清めてもらえるので、通らないのはもったいないです。本当にスカッとします。

ちなみに、帰り（逆方向）は通らないほうがいいです。帰りも通るといいのかな？　とやってみたところ、逆行になってしまって、よくなかったです。参拝す

る前の、「行き」だけにごりやくがあります。
本殿でご挨拶をしてから本殿の左側に行ってみたら、「うわぁーっ！」と驚くほどの龍が、なんと！　社殿にいました。空を泳いでいるのではなくて、社殿にいるのです。緑色の龍です。まったく何も考えずに左側にトコトコと行ったら、どっしりとした龍が社殿にいたので後ずさりをするほど驚きました。
龍が境内社に、それも社殿にじーっと入っているなんて珍しいな、と思いつつ本殿の右側へ行くと、そこには龍の影響を大きく受けた木がありました。この木があれば龍がいないはずがない、という形状なので、まさにお手本のような木です。龍パワーを目で感じたい方におすすめです。

神様は男性のお姿をしていて、硬い黒髪には少し天然パーマがかかっています。ニニギさんの時代と一緒なのかを聞くと、その当時、ここは山だったと言っていました。祭祀場でも祈る場所でもなかったし、神籬《ひもろぎ》などもなく、本当にただの山だったそうです。

ニニギさんが生きていた時代には、まだ神社はなかっただろうと思いますが、信仰はあったでしょうから、祈りの場所や神籬は存在していたと思います。けれどその当時、ここはそういう場所ではなかったとのことです。

この神社の神様は心の負担を軽くすることに大きな力を貸してくれます。思い悩むこと、心配することがあっても、深く嘆いたり悲しんだり、果てしなく落ち込まなくてもよい、と言っていました。物事を実際のサイズよりも大きく受け止めてしまう人が多いとのことです。

そのようなつらい状態になったら、運の低迷期だということを悟り、ちょっとだけ身を慎んでおけばよいそうです。そうすれば再び運気が回復して、ゆくゆくは万事思いのままになる、と目の前が明るくひらけるようなアドバイスをしてくれました。慌てたり、騒いだり、心が乱れるままに、感情のままに、行動や言動を乱すことが一番よくないとのことです。

立派な龍を眷属として、境内社にいさせることができる神様です。どうやらまだ修験道が確立されていない古い時代の、修験者だった人のようです。とても強い神様であり、厳しいような雰囲気ですが、人には優しいです。

霧島神宮再訪

神様に近い距離で会える祈祷

ニニギさん時代のことと古事記との関係を知るために、改めて取材をしましたが、2回目となったこの時は鹿児島県からまわりました。ここまでで1つの陵、2つの神社を訪れています。しかし、ニニギさんの時代のことはわかりませんでした。ニニギさんの時代は私が考えているよりももっと古いのかもしれない、と思いました。

そして、いよいよ本命の霧島神宮です。

「神様〜！　また来ました〜」「いろいろと教えて下さい！」という高いテンションで参道を歩き、手を合わせる場所である拝殿の下に到着しましたが、この日は団体さんがいて参拝客がものすごく多かったです。手を合わせるためにずら〜っと並んでおり、私も列に並びましたが、こうもにぎやかだと落ち着きません。

手を合わせる順番がきても、後ろにいっぱい並んでいるので気を遣ってソワソワしてしまい、長く手を合わせられない（祝詞を唱えられない）のです。境内でお話を聞こうにも、ワイワイと元気な人が多くて集中が難しく、今回は祈祷をすることにしました。

祈祷をすれば願掛けが叶いやすくなりますか？　という質問をもらったことがありますが、そのようなことはありません。願掛けが叶うかどうかは、祈祷をしても、祈祷をせずに自分で一生懸命にお願いをしても、同じです。

祈祷とは、初穂料《はつほ》を支払って神職さんに神様への願掛けを、本人の代わりに正式にしてもらう、というものです。祈祷をすることはお賽銭箱に入れるお賽銭よりも、余分にお金を払います。だから特別に願掛けも聞いてもらえそうな感じがするかもしれませんが、多めにお金を払ったという、そこにえこひいきはないのです。

祈祷のよい点はその場に神様が必ず出てこられる、ということです。お賽銭箱の手前で手を合わせるよりも断然距離が近いのです。見える人は至近距離で見えますし、声もよく聞こえます。

神職さんが祝詞をあげていますから、その神聖な空間でお願い事をしっかり伝えることができます。お賽銭箱のところで伝えられる人はいいのですが、長く手を合わせているのが恥ずかしいとか、気を遣うという人は祈祷を利用すると、遠慮をしなくてもいいので、心ゆくまで思いっきり祝詞を唱えたりご挨拶ができます。

私が祈祷をお願いするのは、境内に人が多くいて集中できない時が多いです。祈祷をすると集中できますし、目の前に出てきてくれますから、お姿がよく見えて、話もしやすいのです。

神様がもうひとつよくわからない、という時も祈祷をお願いすることがあります。境内ではわかりにくかった神様でも祈祷をお願いすると、神職さんの祝詞がサポートをしてくれるので、しっかりわかることがあるからです。でも、初穂料が高いのでそんなにしょっちゅうはしておりません。

神職さんに幣でお祓いをしてもらえる、最後に授与品がいただける、それらも祈祷のありがたいところと言えます。

授与品としていただくおふだは、普通のものよりもほんの少しですが、強い波動が入っていますし、神職さんの祈祷の仕方次第では願掛けをサポートする波動入りのおふだになることもあります。祈祷は感覚的に、神様の家に「お邪魔しま～す」と、ちょっと上がらせてもらう、という感じもあるので、神様に親近感も湧きます。

ニニギさんが大和へ行かなかった理由

霧島神宮は祈祷をお願いすると、白い上っ張り(薄いちゃんちゃんこみたいなものです)を貸してくれるので、それを身につけます。家族で祈祷をする場合は代表者が着ます。私と一緒に祈祷をお願いした家族はお父さんが着ていました。巫女《みこ》さんに案内をされて、階段を上がり拝殿に入ります。階段が恐ろしく滑るのでドキドキしました。漆塗《うるしぬ》りなのかもしれません。

拝殿に入ると、右側が祈祷者席になっていて、3人掛けの椅子に座ります。神職さんが幣で祓ってくれて、それから祈願に対応した祝詞を奏上してくれます。ありがたいことに神様に住所の番地まで言ってもらえます。私と一緒に祈願をした家族は「交通安全」をお願いしていて、私とは違う祝詞を唱えてもらっていました。

御幣《ごへい》（金色）の、ギザギザした各端っこ部分に鈴がついているという、珍しい神具が神前にあって、この神具でも清めてもらえます。それから玉串を奉納、お神酒《みき》をいただき、授与品をもらって祈祷は終了です。

祈祷をしてもらっている間に、神様が目の前に出てきてくれたので、詳しいお話を聞くことができました。

まず、神様のお姿から言いますと……髪の毛、眉毛、目、ヒゲがすべて真っ黒で、髪の毛はわずかに天然パーマになっています。肌は浅黒いです。髪の毛はみずらではありません。貫頭衣《かんとうい》ではない服を着ています。前合わせになっている、丈が短めの上着で、縄ではなく紐のようなものでウエストをくくっています。ズボンは膝丈くらいで、靴は動物の皮のようなものをざっと縫い合わせて履いています。

私の祈願を聞くと、「心願成就？」と笑っていました。

「お願いします！」

「フフフ」

神様は楽しそうに微笑むと、お鏡だの金の御幣だのが置いてある階段の一番上に腰をかけて、足を組んで座っていました。

お名前を確認しましたが、ニニギノなんたら、の後半4文字がやっぱり聞き取れませんでした。というか、たぶん聞こえていたのですが、その場でメモができないため、すぐに記憶から消えるのです。タジウリか、タジマリ、タドウリ、タデマリ、何かそのような感じでした。もしかしたら、本名をすべて発音するとよくないのかもしれません。人々はニニギノだけを伝承したので、そこだけが神話に反映されたとのことです。瓊瓊杵尊の「ニニギノ」部分は、実在した人物のニニギさんから取っていたのです。

ニニギさんはヤマトの基礎とも言えるクニなどを作った人であり、初めて広い範囲で人々をまとめた人でもあり、ただ人が集まっているだけの集団だったところにルールを作って、基礎的な社会にした人です。まだ渡来人が日本に来る前の時代です。

「神様が初代天皇のように思えるのですが？」

そう聞いてみましたが、黙ってニコニコしています。

「奈良に行ったのはお孫さんですよね？」

「そうだ」

息子の息子だと、また同じことを言います。古事記では瓊瓊杵尊の曾孫が神武天皇ですから、そこは古事記の記述と違っています。しかし、最初から孫が行った、と言っていたので事実は孫なのだろうと思います。

「初めて人々を統一して社会を作ったのが神様でしたら、初代天皇だと思うのですが……」

と、あー、もう、識子さんしつこいっ！　本人が違うって言ってるじゃないですか〜、と皆さんに「コラー！」と言われそうですが、ここからどうしても考えが離れず、意見を言ってみました。すると神様は、

「なぜ、ワシが大和へ行かなかったと思うか？」

と言うのです。

「え？　あれ？　そうですね。言われてみれば……どうして行かなかったのでしょう？」

ニニギさんが初代の天皇のような地位についたのだったら、ニニギさんが近畿へ行けばよかった話です。ん〜〜〜？　なぜ行かなかったのだろう？　と考えていたら、

「なぜ、ワシの息子ではなく、孫が行ったと思うか？」

とも聞かれました。

「え？　あ、ホンマですね。息子さんもこの地にいたんですよね？」

はて？　どうしてだろう？　と考えてみました。年だから？　と思ったのですが、ニニギさんは若くしてクニを統一しています。35歳くらいでしょうか。ですから、年齢は関係なさそうです。宮崎を統一した勢いで、うりゃー！　と東征してもよさそうな気がします。

あれこれ考えて、さっぱりわかりません、と言うと教えてくれました。

3代目は生まれながらの大王

神様が言うには3代目になってはじめて、生まれた時から大王《おおきみ》になる身分だと言います。

ニニギさんは最初普通の人でした。みんなと同じ身分だったのです。そこから統一を果

たして大王になりました。その時に息子はすでに生まれていましたから、息子はニニギさんが普通の人だった時の子どもです。息子は人生の途中で普通の人の子どもから、大王の子どもという身分になりました。

しかし3代目は、生まれた時から大王のあとを継ぐ者であり、大王の孫、なのです。変な言い方ですが、生粋の大王と言いますか、正しい血筋と言いますか、人々が納得する生まれです。

日本人はなぜか、そのへんの血筋に弱いそうです。こないだまで庶民でそこから大王になった人よりも、大王の家系に生まれ、生まれた時から大王となる人物がなったほうが、抵抗がないらしいです。大王となったニニギさんが大きな邸宅をかまえて、そこで生まれた孫が大王になることはおめでたいことなのですね。

さらに本人の自覚と言いますか、大王としての心がまえも違うそうです。2代目の息子までは庶民の記憶がありますから、やや謙虚です。けれども3代目は最初から身分があるので大きなことを成し遂げる可能性があると言います。

言われてみれば徳川将軍家も、三代家光公から身分がとても高いという感じがします(私だけがそう思うのかもしれませんが)。家康さん、秀忠さんは戦国武将として頑張って、それで将軍になった、という感じですが、三代家光公は生まれながらの生粋の将軍、という……何かこう逆らえない、ついて行きたいみたいな感情が湧いてきます。

そうか、人の上に立つ人はそのような深いことまで考えているのか、と庶民の私は「なるほど」と思いました。

「あ、そうだ、神様。1月にお会いした時に、ここから奈良へ行ったのは、ご神託だと言っておられましたけど、それって、どの神様に言われたのでしょうか？」

「お前の言葉で言うと、アマテラスだ」

「えぇぇぇぇぇーーーーー‼ そうだったのですねっ！ そこで繋がるんですねっ！ そうか、そうなんだ〜。歴史ってすごいですね」

天照大神に、実は鹿児島県の指宿で会えるということを、新潟の彌彦《やひこ》神社の神様に教えてもらっていたので、1回目の取材時に会いに行っていたのです。詳しいお話は第4章に書いています。

高千穂峰再登山

携帯トイレの素晴らしさ

3回目の登山です。初回は山の上で大嵐にされ、神域に入れてもらえませんでした。その後、黒龍と和解をし、2回目はとてもよいお天気での登山となりました。3回目のこの日もスカーッと快晴で素晴らしいお天気に恵まれました。神仏は約束をしたら違えない、ということをまたしてもしみじみと思いました。ありがたいことです。

この日は朝から飲み物をけっこう飲んでいたので、トイレの不安がありました。今回はニニギさんのことを深く知るために山頂まで行く予定です。高千穂峰は登山口にトイレがありますが、そこから先はありません。山頂まで2時間、下山に1時間半、山頂に30分いたとして4時間はトイレに行けないわけです。

今日は我慢するのが無理かも……ということで、高千穂河原ビジターセンターで「携帯トイレ」を買いました。５００円でした。高千穂峰の山頂には、携帯トイレブースという、高千穂河原ビジターセンターで購入した携帯トイレを使うための専用の個室（小さな小屋です）があるのです。

先にこの話をしますと、山頂には鍵がかけられるブースがありました。中には便座の形になっている簡単な椅子があるので、そこに携帯トイレをセットします。携帯トイレの内部は赤ちゃん用の紙おむつのような、水分を吸収するもので作られていて、使用後はぴったり閉じられるようになっています。用を足したら、しっかり閉めて自分の荷物として持って下山をし、登山口にある回収箱に入れます。

この携帯トイレが非常にありがたかったです。登山道や山頂にトイレがない山は全山、この方式を採用していただきたいと思ったくらいです。携帯トイレを持って行くと、山頂で確実にトイレができるわけですから、女性は気持ちが軽くなります。水分を我慢する必要がなくなるので、夏でも安心して登山ができます。

登山中は汗を大量にかくため、水分補給は大事だと思うのですが、トイレがない山である、山頂にトイレがあるかどうかわからないとなると、極力水分を控えて登ります。のどがカラカラに乾いたりして体によくないと思うのですが、女性はみんなそうして

いるのではないでしょうか。どこの山でも携帯トイレは自分で買いますから、ブースを設置してほしいな〜、と思いました。

画力に左右される龍雲

登山はどの山でもヒーヒーと苦しいのですが、高千穂峰はゴツゴツした溶岩の岩場がけっこう長くて、何回登ってもここがしんどいです。3回目はちゃんと厚手の軍手を用意して、最短コースで登れるよう頭も使いました。

岩場を登りきって、神域に入ると今回もヤタガラスがお出迎えをしてくれました。霧島神宮元宮（前回引き返した場所です）で、ニニギの神様に登山のご挨拶をして、そこから山頂を目指します。

霧島神宮元宮からの登山道が、「ンモー」とつい口から出てしまうくらい滑りまくりで、足を1歩出せばズリリ、また1歩出せばズルルルーッと滑るのです。1歩1歩滑るので、バランスを取るのが大変でしたし、足がしんどいのなんのって、もう、もう、もう……（泣）でした。

しかし、そこまでして頑張って登った山頂からの景色は、素晴らしかったです。まず、

天の逆鉾をまじまじと見て、逆鉾が祀られている周囲をぐるりと一周しました。
山頂からははるか彼方まで見渡すことができて、なんと、桜島もしっかり見えるのです。この日の桜島は噴火をしていたようで、もくもくと噴煙が上がっているのが見えました。
空には黒龍が優雅に泳いでおり、サイズが大きいので迫力もあります。1回目の登山時にケンカをしてしまった黒龍ですが、3回目ともなるとかなり関係もよくなっていました。
そこでふと、考えました。大空を泳ぐ龍本人にお願いをすれば、もしかしたらものすごい龍の形をした雲を作れるのではないか？　と。

龍雲とは、龍の波動の影響を受けた独特の雲です。龍の姿そのものになっているものもあれば、斬新なデザインの雲だったり、ありえない模様の雲だったりと、見た目がさまざまです。しかし、龍のパワーを帯びていますから、普通の雲とは明らかに違います。

龍雲がわかるようになれば、そこに龍がいるわけですから、龍を見る訓練ができます。

そのような写真をブログに載せたりしていた時だったので、黒龍に頼んでみました。

「黒龍さん、お姿を雲に反映させて下さい」

「断る」

「…………」

なんと、黒龍にあっさりと断られました。即答で。

「あ、いや、黒龍さん違うんです。私のために雲を作ってほしいと言っているのではなく、龍が好きな読者さんのために、です。読者さんは、皆さん、龍が本当に好きなんですよ～。龍雲は訓練になるため喜んでもらえるので、黒龍さんの龍雲をブログに載せたいのです」

しつこーくお願いをすると、黒龍はしぶしぶという感じでやってくれました。

しかし！　その雲の絵柄が……。いや、たしかに龍の顔なのです。龍なのですが、イマ

イチと言いますか、身も蓋もない言い方をしますと、おヘタだなぁ、と思いました。力が強くて、高波動の、とにかくすごい龍なのに、どうしてこんなにショボい絵になるんやろ、とも思いました。もちろん心の中で。

私も知らなかったのですが、龍にも絵がうまい龍とヘタな龍がいるそうです！

雲に自分の姿を反映させるということは、言ってみれば、雲にイラストを描くようなものです。ですから、上手な龍がいれば、ヘタな龍もいるらしいです。

高千穂峰の黒龍はいまひとつ、絵を描くのがじょうずではないということで……私と一緒なんだ！　と、お友だちになれたような感じで、ちょっぴり嬉しかったです。厳しめの龍ですが、思いっきり親近感が湧いて、距離が縮まった気がしました。ちなみにその龍雲を公開しているのは、2019年4月4日のブログです。

大王としてのニニギさん

山頂では黒龍と楽しく会話をして、ニニギの神様には下山中にたっぷりとお話を聞きました。一番気になっていた、どのようにしてクニとしてまとめたのだろう、という、そのへんから質問をしてみました。

「住んでいるムラを統一しようと考えて、行動を起こしたのは、神様お1人だけだったのですか？」

ちゃんとした社会を作ろう、作らなければいけない、と最初に考えたのはニニギさん1人だったそうです。それを近くに住む何人かに相談をしたらしいです。

統制が取れていない社会だと、乱暴者が得をします。暴力を使って危害を加えるので、それを恐れる人が乱暴者の言うことを聞きます。乱暴者は人のものを盗んだり、大怪我をさせたり殺したり、なんでも思い通りにしていたらしいです。特に女性や子どもは弱いため、常にビクビク、オドオドしていて、ひどいことをされっぱなしでした。

暴力で人を従わせる無秩序な社会、その者たちだけが得をするという歪んだ社会を、このままにしていてはいけないということで、仲間3人と立ち上がったそうです。仲間もみんな若かったそうで、とりあえず戦いに強くなろうと戦いの訓練をしました。ならず者に言って聞かせるとか、理解してもらう……という方法はありません。力でねじ伏せて、そこからルール作りをしよう、という計画でした。

まず、自分が住んでいた一帯をしっかりとまとめ、そこから広げていってあちこちの部族をまとめ、徐々に勢力を伸ばして広範囲を統一しています。最終的に宮崎までの土地を一つにしているのです。

ニニギさんは権力欲から行動を起こしたのではなく、人々のことを思う気持ちからだったので、神様にも民衆にも支持されました。ニニギさんが大王となって、民衆は拍手喝采です。統一してもらえたこと、ルールを作ってもらえたこと、生活しやすい社会にしてもらえたことを心から感謝していたのです。

みんなが幸せになれる社会、みんなが平等な社会、安心して生活ができる……このような平和な世の中にしてくれたニニギさんは民衆に慕われました。ニニギさんの政権には一緒に戦ってくれた仲間3人と息子の、4人の補佐がいました。

ニニギさんはさらに、日本初（？）の分業制も取り入れています。木の実を上手に採れる人は木の実ばかりを採る専門になる、力仕事が得意な者は力仕事ばかりをやる、みたいな感じです。狩りがうまい者は狩りを専業として、畑仕事や水汲みなどはしなくていいのです。それまでは家族単位で、父親が獲物を捕る、母親が水を汲む、木の実を採るなどをしていました。それを大勢の人間がいるクニ単位にしたのです。画期的なことでした。

それでみんなはますますハッピーになります。助け合って生きるという、尊いことができるようにもなりました。人々は心からニニギさんを褒め称え、尊敬しました。

その時、ニニギさんの息子はすでに大人になっていました。宮崎地方に住む人々は知っていたのです。ニニギさんと息子は山のほうから来た人、よそから来た人である、と。息子は次の大王だけれど、よそのムラから来た人であり、こないだまでは普通の庶民だったという認識でした。

この頃、宮殿を建てたようです。なので、孫は宮殿で生まれています。孫は生まれた時から宮殿に住む人であり、大王の家系です。祖父は偉大な初代大王、父は次の大王であり、祖父と一緒に統一を成し遂げた人物です。その家に生まれた孫は、人々に「お生まれになった」と、生まれた時から敬語を使われる人なのです。

孫の世代になると、民衆の人々に忠誠心が芽生え、それと同時に生まれた孫を「可愛い」と思う感情がありました。

ニニギさんが生まれたのは、高千穂峰のふもと、宮崎県側です。ここで生まれて育ち、このあたりのムラをまとめ、前述したように徐々に勢力を伸ばしていって、宮崎市まで広げています。鹿児島方面には行っていない、と本人が言っていました。宮崎市はその当時、すでにひらけていた町で人も多かったそうです。大昔なので、人ってそんなにいないのでは？　と思っていたのですが、そうではなかったらしいです。

ニニギさんは山奥のほうから来た、高千穂峰のほうから来た、ということを、その当時の人々はみんな知っていました。子どもや孫に、ニニギさんが来てくれたから平和になった、クニを作ってくれたからみんなが幸せになれた、あのお方は素晴らしい、と伝えました。高千穂から来た素晴らしいニニギさん、と代々伝わっていき、伝わっていくうちに少しずつ話が変わっていって、ニニギさんは天照大神の孫、となったらしいです。

神様の孫でなければそんなすごいことはできないと思ったのか、それとも、神様が祖先だと箔がつくと思ったのか、いずれにしてもそれが「天孫降臨」になりました。天から降りたとされる重要な土地は……ニニギさんがかつて住んでいた「高千穂」です。

権力欲のなかった古代人

時は流れてニニギさんの孫（古事記では曾孫になっていますが、ニニギさんに聞いたままを書いています）、も大きくなり、アマテラスの神様の神託によって、東征を決意します。

近畿地方には仲間というか、臣下を連れて行くわけですが、そこで私は疑問に思ったことがありました。家臣は家臣という身分をよしとして、素直に従ったのだろうか？　身分というものに抵抗はなかったのだろうか？　そのような階級があることにまだ慣れていない人々ですから、そのへんは大丈夫だったのだろうか？　と思いました。

「次の大王は俺がなりたい」とか、「くそー、ニニギめ、うまくやりやがって」とかの、嫉妬や謀反などはなかったのか？　どの人もあっさりと、次の大王はニニギさんの息子でオーケー、その次は孫でいいよ〜、と納得したのか？　という、そこを聞いてみました。

ニニギさんは大王となり、大きな「権力」を持ちました。それまでは大王のような人はいなかったのです。ですから、人々も権力というものに慣れていないわけです。慣れていないせいで、憧れることもなく、「権力が欲しい」とか、「俺もなりたい」とかの欲望もなかったそうです。

権力欲というものをまだ持っていなかったのですね。もしかしたら、人間は、もともとそのようなものは持っていないのかもしれません。権力争いは少しあとの時代に生まれたそうです。

この頃はニニギさんから息子へ、息子から孫へとなっても、誰も何も文句を言わなかったそうです。安心して生きていける社会ができたのですから、このまま続いてほしい、と願っていたのかもしれません。

幸せな世の中を作ったニニギさん。いつのまにか天から降りて来た人となり、最終的には天照大神の孫となりました。それくらい人々から慕われていて、よいことをなさった方だったのだと思います。

鹿児島神宮再訪

朗らかで陽気な女官たち

2回目の参拝です。前回と同じ駐車場に車を停め、車から降りたところにお出迎えが来てくれて、ものすごく光栄に思いました。今回は4人ほど増えて、14人いました。もちろん全員、女官です。

「ささ、どうぞどうぞ」「ず〜っと上まで、さ、どうぞどうぞ」「足元、お気をつけて」などと声をかけてくれて、にぎやかに案内をしてくれます。

女官たちはなぜかバラバラの個人にはならず、団体で行動をします。たとえば14人で私を案内している最中に、「あ、あの用事をしなくちゃ」と1人だけが集団から抜ける、なんてことがないのです。一旦、行動を始めたら最初から最後まで団体行動です。女官というお仕事がそのようなものだったのでしょうか？　常にひとかたまりになっているのが特徴です。

この神社には常時、女官がいるようで……というか、女官しかいないのかな？　と思いました。神様がわかりにくいのです。表に出てきません。前回、チラッと一瞬だけお姿が見えたのですが、今回はさっぱりです。こうなるとヒント欲しさに下調べをして得た知識に頼ろうとします。

ここには瓊瓊杵尊の息子である山幸彦が祀られていることになっているので、その人物っぽい神様が見えないかな、どうにかして見たいな、と「その人物」を見ようとしました。意識が〝勝手に〟そのように働くのです。よって、その人物ではない場合、真実が見えなくなります。

神様が全然わからないので、女官の人たちに聞いてみました。

「女官の方々がいらっしゃるということは、ここの神様は朝廷とか天皇関係ですよね？」

女官たちは全員で顔を見合わせて、くすくすと可愛らしく笑います。すぐには答えてくれません。

ニニギさんの孫ではないことは明らかです。ニニギさんの孫は東征で近畿へ行きました。なので、近畿でご祭神として祀られている神社にいるか、もしくはご自分の陵にいると思われます。ニニギさん本人は霧島神宮と高千穂峰にいたので違います。

ニニギさんより前には権力者はいなかったので、そうなるとこの地方で女官をつけているのはニニギさんの息子しか考えられません。でも、私の直感では息子は宮崎神宮の神様っぽいのです。ニニギさんの息子は一人じゃなくて何人かいたのかな？　と思いました。

「ニニギさんの親族ですか？　それとも、もっとあとの時代でしょうか？　ヤマト政権が発足して、天皇の親族がこちらに来られたのでしょうか？」

そう聞くと、女官の一人が答えてくれました。ニニギさんの孫が近畿に行ったあとの、この地域一帯を治めていた権力者なのだそうです。そしてそれは……なんと！　ニニギさんの孫の弟だと言うのです。

へ？　弟？　はて？

ニニギさんの孫はたぶん神武天皇です。神武天皇は一番下の弟だったはずでは……？と思いました。さらに続く女官の説明では、上の兄弟4人は大和へ行って、一番下の弟だけがこの地に残ったと言うのです。

え？　そうなん？　もし、そうだとしたら、同じ大王の孫だし、宮崎のほうに住んでいたのでは？　と疑問が湧いたのですが、そこで女官たちとの交信がいきなりプッツリと切れてしまいました。一瞬で女官たちは姿を消してしまったのです。ですから、それ以上はわかりませんでした。

神武天皇を含む上の兄弟4人が大和へ行ったということは、ニニギさんの息子のあとに大王になったのは、女官が言った一番下の弟だと思われます。宮殿があるのは宮崎市ですから、何か理由があってこの地に来て住んだのか、亡くなってからこの神社に神様として来たのか……そのへんは謎です。もしかしたら大王になったあとで別のクニに襲われて負けてしまい、ここまで逃げて来た可能性もあります。

女官だけがいる神社とは到底思えないし、前回神様を見ているので、おられることは間違いないのです。しかし、ニニギさん関係を調べている私に姿を見せなかったところをみると、何か……都合の悪い出来事があったのだと思われます。

謀反によって追放された、とかも可能性としてはあるのかな、と思いました。女官が言ったように一番下の弟なのでしょうが、歴史に名前が残っていないようなので、複雑な出来事、もしくは事件があったのかもしれません。

女官たちはみんな朗らかで陽気でしたし（つまり上から押さえつけられていないということです）、私のお見送りやお出迎えを女官たちにさせた、ということは、神様は優しくて、礼儀正しいお方です。境内も女官たちそのままの陽気な雰囲気です。

神様にお話を聞きたい！　と強く思いましたが、取材で来ているので、聞いたことは本に書いてしまいます。どうやらそれを避けたいみたいでした。いつかまた、この地方に行くことがあれば、取材じゃない参拝をしようと思います。その時はもしかしたらお話をしてくれるかもしれません。

とってもやわらかい性格の神様なので、厳しい神様が苦手という方におすすめの神社です。

この神社には、珍しいキジの眷属がいます。キジはめったにいないです。そのキジを眷属にしている神様ですから、やはり大王クラスの人ではなかったかと思います。境内にはまろやかな「気」が漂っているためリラックスできますし、なんと言っても女官の皆さんが素敵です。心によい影響を与えてくれる神社です。

可愛山陵

女性と男の子がいる御陵

鹿児島県薩摩川内市《せんだいし》にある「新田《にった》神社」へ行きました。一の鳥居から行くと太鼓橋を渡って、長～い石段を登ります。ゼーゼー言って登りきると、そこはちょっとした広場になっていました。そこからさらにまた、長～い石段が上に続いています。参道の脇には樹齢500～600年と思われる大木が何本もあって、古くから信仰されてきたのだな、ということを思いました。小高い丘というよりも、小山の上にある神社です。

ご神木として1本だけが特別に赤い柵で囲まれていました。樹齢650～800年と書かれていましたが、1000～1200年くらい生きているのではないでしょうか？　と思うくらいのパワーを持っていました。あちこちで樹齢の古い木々を見てきた私としては、謙虚な表示に神社の雰囲気が表れているように感じました。

まずは神社の社殿でご挨拶をしました。そして、そのまま「可《え》愛《の》山陵《みささぎ》」へと向かいます。神社の隣……という言い方も変なのですが、境内からつつつーっと歩いて行けるのです。3分くらいでしょうか。

この可愛山陵は瓊瓊杵尊のお墓となっています。しかし、治定されたのは明治になってからです。太古に作られたであろうお墓を2000年くらいたって「ここだった」と決めたというのが……ちょっと無理があるように思いました。

さらに瓊瓊杵尊は天照大神の孫ですから、神様です。高天原で生まれているのです。正直言って、かなり違和感がありました。天照大神の孫が死ぬというのが、う～～～～ん、イマイチ納得しがたいところですが、でも、まぁ、そういうことになっています。

もしかしたら実在したニニギさんのお墓かも？　と思ったのですが、治定が明治ですから、あまり期待はせずに参拝しました。ニニギさんは神様になっていて霧島神宮と高千穂峰にいるので、お墓だったとしても本人はいないはずです。しかしなぜか、「行くべき！」と直感で思ったので、鹿児島市から少し離れているのですが行ってみました。

可愛山陵は他の御陵《ごりょう》に比べると、格別に居心地がよいという特徴がありました。庶民を隔てていないといいますか、距離が近いといいますか、とてもフレンドリーなのです。

瓊瓊杵尊の陵になっていますから、「古代

の男性がいるのかも？」と、そのような男性を思い描きつつ、出てきてくれるようお願いをしてみました。しかし、誰も出てきません。時代が古い人はコンタクトが難しい部分があるので、気長に待ちました。

けっこう長い時間待ってみたのですが、いっこうに出てこないので、

「ここに埋葬されている方がいらしたら、どうか出てきて下さい」

というふうに言い方を変えると、女性と5歳くらいの男の子が出てきました。相当古い時代の人です。女性は30〜32歳くらいでまだ若く、男の子は女性の子どもだそうです。病気で死んだ、と言っていました。

「誰の奥さんなのでしょうか？」

「ナンタラカンタラアエズナントカ」

ちょっと、識子さん、それって書く意味あるの？と思われそうですが、やっぱり一応書いておかないと〜（汗）。というか、長いんですよ、名前が〜。それもカタカナの、聞き覚えのない音が並んでいる名前なのです。覚えられませんでした。

その長ったらしい名前は神話の神様の名前かも、と思いましたが、違うそうです。かろうじて聞き取れた「アエズ」という部分で、あれ？　神話にそんな音の名前の人がいなかっ

たっけ？　と思ったのですが、しっかり覚えていなかったせいもあり、ここでは思い出せませんでした。まぁ、いいか、ということで、ここからはこの女性の夫のことをアエズさん、と呼ぶことにしました。

薩摩で最初に統一された薩摩川内市

夫であるアエズさんは、この可愛山陵で男性を呼んだ時に出てきませんでした。ということは、アエズさんはここに埋葬されていない、ということになります。そこを奥さんに確かめると、「埋葬されていない」と明言します。

このアエズさんは最初、部族のリーダーみたいな存在でした。その後はムラのボスというか、ムラよりもっと大きな範囲のクニの大王に近い……そんな感じの首領となっていきます。なので、アエズさんのためにこの古墳が作られたのではないか、と思ったのですが、なぜか本人がここに眠っていないのです。

「どうしてアエズさんはここに埋葬されていないのでしょうか？」

奥さんによると、アエズさんは治める土地を広げるため、勢力を伸ばすために、時々戦いをしに遠くまで行っていたそうです。で、遠征に行ってそこで亡くなり、その地に埋葬をされたということです。

え？　連れて帰らないの？　と現代人の私はそう思いましたが、古代は死体をわざわざ運んで遠くから持って帰る、という意識はなかったそうです。死んだらすぐに埋葬すべきだと考えられていたことも一因だそうです。それは死んだあとの、本人のことを思っての処置だったようで、大昔の宗教観でした。その当時は現代のようなお通夜もなかったそうです。

というわけで、アエズさんは亡くなった土地に埋められて、ここにはいないということです。

「なるほど～。ではこの山に眠っているのは、奥さんとお子さんだけなのですね」

「他にもいる」

「え！　どういうことですか？」

ここは陵ですが、古代は1つの山に1人だけ、もしくは1家族だけを埋葬する、という考えがありませんでした。現代だったら、たとえば明治天皇の陵で、明治天皇の墳墓のすぐ横に別の人の墳墓を作ることはないと思われますが、大昔は普通にあったのです。

この山は埋葬地だったため、他の権力者のお墓もあちこちに作られているそうです。ただし、この山にある「当時の」墳墓はみんな権力者、その親族のお墓だということです。豪族といいましょうか、その一族です。庶民は権力者のお墓がある山には埋葬されず、墳墓なども作ってもらえませんでした。ですから、この小山にあるいくつかの墳墓には、大昔に権力を持っていた者が眠っているのです。

アエズさんはどのような人だったのか……そこを奥さんに聞いてみました。

アエズさんは薩摩の地を初めて統一した人物です。薩摩の祖、薩摩初代大王です（ニニギさんは宮崎、ヤマトの祖であり、宮崎の初代大王です）。

「では、アエズさんはニニギさんと生きていた時代は同じなのでしょうか？」

奥さんによると、アエズさんのほうがわずかにあとだと言います（ニニギさんの息子と同じくらいのようです）。

ニニギさんの噂はこの地（薩摩川内市）にまで届いてきました。新聞もテレビも車もない時代、しかも古代ですから人口も極端に少なく、町もほとんどありません。けれど、噂は届くのですね。人から人に伝わってきたそうです。人間の伝達力ってすごいのだなと感心しました。

ニニギという人物が高千穂峰のふもとあたりから、宮崎を統一して国家を作ったらしい、とほぼ正確に伝わっていました。その話を聞いたアエズさんが、よし！　俺もこの地でやってみよう！　ここで統一国家を作ろう！　と立ち上がったそうです。

そしてまず、ニニギさんの真似をして、自分が住んでいた土地一帯をまとめました。そこそこのムラを作ったそうです。そこから少しずつ勢力を伸ばしていって、範囲を広げたそうです。つまり、鹿児島にもニニギさんみたいな男性がいて、このあたり（薩摩川内市）をまず統一し、そこから領土を広げていったのでした。

「ここが中心だったのでしょうか？」ということも聞いてみました。奥さんは意味がわからなかったみたいで「？」みたいな顔をしています。

「現代人の私からすると、栄えているのは鹿児島市っていうイメージなんです。だから、古代も鹿児島市のあたりから栄えて、鹿児島市が中心だったのかな？　と思いました」

奥さんは笑いながら、鹿児島市がこのあたりの最初のクニではない、と言います。鹿児島市のほうは桜島から石が飛んできたり、灰が降ったりしたため、昔は栄えていなかったそうです。

新田神社

陵からふたたび神社に戻ると、社殿には男性の姿をした神様が座っていました。この土地の神様でもあり、鹿児島県の人を特別に思う神様でもあります。平将門さんが関東地方を特別に大事に思う感情「俺の関東」に近い、「俺の薩摩」という気持ちを持っていますから、この小山に埋葬された、この土地の権力者だったのかもしれません。髪の毛はみずらではありませんから、ニニギさんの時代に近いと思います。物静かな神様で、主張をしない性質です。

神社の長い石段を下りながら、私は奥さんに聞いた話をいろいろと考えていました。

死体を遠くからわざわざ持ち帰らないということは、ここに埋葬されている奥さんと子どもはこの近くに住んでいたことになります。そこで、奥さんを石段のところで呼んでみると、境内という神域だからか、埋葬地である山にいるからか、しゅっと来てくれました。

奥さんと子どもはこの近くに住んでいたとのことです。石段の上のほうから見ると、はるか遠くまで見渡せます。正面から左側は、工場の煙突から煙がもくもくと上がっていました。住んでいたのは右のほうかな、と考えていたら、「左側」と奥さんが教えてくれます。一瞬、「え？　工場があるのに？　煙もくもくなのに？」と思いましたが、当時はそんなものがあるわけがなく、ああ、そうかと気づくと、奥さんがまたしても楽しそうに笑っていました。すごく可愛らしい女性なのです。お屋敷があったのは工場の向こうだと言っていました。そこに、薩摩の最初のクニを作ったアエズさん一家が住んでいたそうです。

薩摩川内市川内歴史資料館

証明された奥さんの話

神社の一の鳥居のところに道案内があって、そこに「資料館」はこちら、みたいに矢印で方向が示されていました。歴史資料館に寄ることはあまりないのですが、アエズさんの奥さんに聞いた話が興味深く、もしかしたら裏付けが取れるかもしれないと思ったので行ってみました。

展示室は施設の2階になっていて、そこで古代古墳の説明を見て驚きました！　一つの古墳に、何号墓、何号墓、といくつもお墓があるのです。資料として説明されていたものは、一つの古墳に10個くらいのお墓がありました。発掘されていないものや、もっと古いお墓などを入れると、人骨はまだまだ埋まっているのかもしれません。奥さんが言うように、１つの古墳（埋葬地）には他の人も多く眠っていたのです。

古墳マップを見てみると、奥さんが住んでいたと言っていた場所には古墳がたくさん書かれていました。それはもう本当にいっぱいあって、古墳群となっているのです。アエズさんの家があったと奥さんが言ったところには、人が多く住んでいたことが証明されました（写真撮影禁止のため、地名とか年代を覚えられず、古代マップがどのように描かれていたのかも詳しくお伝えできないのが残念です）。

勢力を伸ばすために遠くまで行っていた、という話も資料を見てよくわかりました。弥生時代はムラが極端に少なくて、ムラとムラがかなり離れていたのです。アエズさんはだいぶ遠いところまで行っていたのでは？　と思いました。

ヤマト政権が成立したのは３世紀後半頃、ということですが……それは卑弥呼の時代よりもあとになります。ニニギさんの時代は卑弥呼時代よりもはるかに前ですから、ニニギさんと神武天皇（たぶんニニギさんの孫）東征は同じ時代でも、ヤマト政権成立の時代とは違うみたいです。

ヤマト政権ができて、地方まで統一されると国府が置かれました。その時に「薩摩」という名前の地域ができています。そして、その首府がなんと、川内なのです！　鹿児島市ではなくて。

つまり奥さんが言っていた、この場所で統一を果たした、ここが中心だったというのは本当だったのですね。薩摩の祖が作った薩摩地方、その都が……初めて統一をしたこの地だったというわけです。何気にぷらっと寄ってみた資料館でしたが、とても勉強になり、奥さんの話の裏付けが取れて、行ってよかった〜、と思いました。

吾平山上陵

神話のモデルがここにもいた！

宮崎、鹿児島への計画を立てた時に「吾平山上陵も神話の人のお墓だなぁ」とそれだけで予定に入れました。鹿児島から宮崎に行く途中にあるわけだし、神話の誰かだったら、行けば何かわかるだろう、という淡い期待があったのです。

現地で案内板をよく読んでビックリ！　この陵は「天津日高日子波限建鵜草葺不合命（アマツヒコヒコナギサタケウガヤフキアヘズノミコト）」が祀られていたのです。この方は神武天皇の父親とされている人ですが、薩摩川内市のあの女性の夫であるアエズさんと、名前の一部分が同じなのです。ひ～え～！　繋がってくるもんですね～。

鹿児島神宮からは、鹿児島神宮→桜島→鹿児島市内→薩摩川内市→指宿→大隅半島という経路でここまで来ています。いろんなものがごちゃ混ぜになってもおかしくない取材の仕方でしたが、意図していないのに、参拝する順番がピッタリなのです。

御陵の入口から森の中を通って、川の横の道を陵墓へと歩いて行きます。川で禊ができるように、途中で川へと下る石段がありました。参道の突き当りが陵墓を拝む場所なのですが、その陵墓は川の向こう岸でもっと奥のほうにあります。近くに行けないため、遠くから鳥居や岩屋（洞窟）を眺める、という感じです。

遠くてコンタクトは無理なのでは……と思いましたが、ご挨拶をしてみました。すると、予想に反して巨大な古代人の男性が出てきました。見上げる大きさです。服装と靴はニニギさんと同じようなもので、頭には鉢巻のような、細いバンダナのようなものを巻き、そこにやや大きめで濃い茶色をした鳥の羽根を1本つけています。

ニニギさんと違っているのは、こちらは剣っぽいものを、ウエストを縛った紐に差しているところです。それも2本差しています。どちらもそんなに長くはありません。銅なのか鉄なのか……いや、本物の剣かどうかすらわかりません。まさか木刀みたいなものではないでしょうし、でも何か武器を2本ウエストの紐に差しているのです。

しかし、私はそれよりもネイティブアメリカンみたいな鳥の羽根が気になりました。

「あの？　すみません、その頭につけている鳥の羽根ですが、どうしてつけているのですか？」

「勝利の象徴である。これをつけていると勝つ」

「へぇ〜！　なんの鳥ですか？」

「鷹《たか》」

「ほー！　鷹って勝利を象徴する鳥だったのですね」

というか、古代にも縁起をかつぐ習慣があったことが意外でした。どうしてそんなに勝ちたいのか、誰に勝ちたいのか……が気になりました。武器を身につけている姿だし、そのあたりを質問し、どこに住んでいたのか、何をして暮らしていたのか、どのようにして亡くなったのかなど、あれこれ質問を重ねてこの方が誰なのかがわかりました。

この方は、古事記で瓊瓊杵尊の孫で神武天皇の父だとされる、天津日高日子波限建鵜草葺不合命ではありません。なんと‼　卒倒しそうなくらい驚いたのですが、この方は薩摩川内市のアエズさんだったのです。

正直な話、「こんな展開ってアリ？」と、冷静な部分で思いました。偶然にしてはできすぎています。ありえないです。しかし……ふと、偶然ではない可能性もあるな、と思いました。

アエズさんは遠征でこの地に来て、ここで亡くなっています。そしてここに埋葬されました。当時、この地方の人はみんな、この事実を知っていました。ナントカカントカアエズって人が、北のほうから攻めにやってきて、戦いをしている途中で亡くなった。あの洞窟のところに埋葬されているらしい……。

地元の人はアエズさんが、北の地方の大王らしいことも知っていました。子どもや孫に言い伝える時に、なんたらアエズって名前だった、北のほうの大王だったということも言うわけです。それは年月とともに形が変わり、どうやらすごい血筋の人らしい、アエズって言葉が入った名前だったらしい、というふうに伝わっていったと思われます。つまり、この方もニニギさんみたいな神話人物の実在モデルだったのです。

年月がたつうちに、埋葬者がもう誰なのかイマイチわからなくなって、でもお墓は大きいし、

「瓊瓊杵尊の息子ではないか」

と誰かが言い出したのかもしれません。

「きっとそうだ」

「たしかひいじいさんがナンタラアエズって名前だと言ってたから、そのような名前にしておこう」

となったのではないでしょうか。となると、なるほど繋がるのも当然かなと思います。もともとアエズさんから始まっているからです。

輪廻をやめたアエズさん

ここにアエズさんがいる、ということは、ここまで遠征に来ていたわけです。薩摩川内市からはたしかに遠いです。古代ですから、どこにでも人が住んでいたわけではなく、そこそこ大きな集落を落とそうと思ったら、こんなところまで来なければいけなかったのか、と思いました。

「川内からここまで遠征して来られたのですか？」

「うむ」

「埋葬された時から、アエズさんとしてここにいらっしゃるんですか？」

「いや、何回か生まれ変わった」

「へぇー！」

ここ、理解が難しいところかもしれません。輪廻転生で、何回も生まれ変わって人生をしていると、過去にやったそれぞれの人物は、自分の中で順位がつけられます。人生自体が面白かったとか、勉強になったとか、印象に強い人生はしっかり覚えていても、そうではない人生の記憶は徐々に薄らいでいきます。特徴がない人生だったら、なかなか思い出せないこともあったりするのです。

しかし、そのような状態でも……つまり、よく覚えていない人物、ほぼ忘れている人物でも、その人物が地上で祀られる（崇拝される）と、その人物に戻ります。本人の記憶には何十人と自分がいるのですが、祀られたその人物が自分、というふうにピタッと重なるのです。何回か生まれ変わって違う人になっていても、祀られたらその人物に戻って、ほとんどの人は祀られているところに行きます。多くの場合、神仏になる修行をそこから始めるので、もう生まれ変わることはありません。

アエズさんの場合は少し違っていて、何回か生まれ変わったそうですが、自分の墓が特別な場所となり（古代の早い時期にそうなったみたいです）、それで、アエズさんという人物としてここにいよう、と決めたそうです。

「アエズさん、生前のことを聞かせて下さい。ニニギさんを真似て薩摩を統一しようと思ったのですか？」

「それもあるが……」

アエズさんは、ニニギさんが攻めてくるのではないか、と考えていたそうです。攻められて負けた場合、敵に従わなければなりません。ニニギさんの子分になることがイヤだった、と言っていました。そこで負けないように薩摩を統一して大きくし、守ろうとしたみたいです。

アエズさん亡きあとは、弟さんや息子さんがやり遂げたそうです。最終的には宮崎と和平を結び、その後、ヤマト政権が発足して従った、とのことでした。

「この岩屋、洞窟がお墓なのですか？」

アエズさんは、そうだとは言いませんでしたが、埋葬されたのはこのあたりである、とのことです。

大隅半島古墳群

ニニギさんとは時代が違う古墳群

塚崎古墳群と肝付《きもつき》町立歴史民俗資料館、唐仁《とうじん》古墳群と大塚神社、横瀬古墳と大崎町中央公民館資料室、神武天皇御出航碑（戸柱《とばしら》神社）、をまわりました。ニニギさんの時代のことが何かわかるかもしれない、と思って行ったのですが、残念ながらどの古墳もニニギさんとは関係がありませんでした。

でもせっかくなので、特徴をご紹介しておきます。

塚崎古墳群は1600～1700年前の日本最南端の前方後円墳があります。1号墳（円墳）の上に樹齢1300年の大楠が立っていて、ここは興味深い場所でした。周囲はとてものどかな風景で、古代からこのような安らげる感じだったように思います。

唐仁古墳群は130もの古墳があり、鹿児島県で一番数が多いそうです。大きな1号墳の上に大塚神社が建てられています。入口にあった案内板のマップにはたくさんの遺跡が記されていました。大塚神社に参拝して呼びかけてみましたが、埋葬された人は出てきませんでした。

横瀬古墳は5世紀半ばに作られた前方後円墳で、ありがたいことに登れます。周囲はのどかな田園地帯で、いい雰囲気の土地でした。

神武天皇御出航碑はなかなか見つからず苦労しました。ナビが変な場所を教えるからです。近くだったのですが、全然違う場所を探してしまい（ナビとスマホのマップとで、2ヶ所探しました）、最終的にどちらのナビも間違っているとわかり、ネットで調べました。

石碑があるのは神社であるという情報を見つけ、その神社を探し、やっと到着することができました。個人的な印象を言えば、ここは神武天皇の出航地ではないように思いました。

皇宮神社

古代の祭祀場

宮崎神宮より、こちらを先に参拝したほうがいいと思ったので、宮崎神宮から歩いて行きました。意識をニニギさんの時代に合わせたまま、てくてくと歩いていると、当時の……古代の風景がチラチラと現代の景色に重なって見えました。

古代の住居というのは、バラバラにあちらこちらに１軒ずつ、土地を確保して建っていたわけではなくて、あっちにちょこちょこっと集中、こっちにちょこちょこっと集中、みたいな感じで建っていました。

歩き始めた時から「葦原中国《あしはらなかつくに》」という言葉が出てきて消えません。目の前にしっかりあるのです。もしかしたら、ここ宮崎も葦原中国のモデルなのかな？　と思いました。これは出雲にも行って、その時代を見てみないとわかりませんが……。

そしてこのあたりはどうやら古代の都だったようです。その時の風景もチラッと見えました。当時はまだ道を整備するとか、そのような技術も意識もなくて、自然のままです。ですから、道は平らではありません。土は踏み固められていますが、タンポポに似た雑草とかがあちこちに生えています。

スマホのナビの案内で、皇宮神社の裏側からぐるりとまわって、境内には横道からパッと入りました。たまたまだったのですが、古代に意識を置いたままで社殿を見ることができてよかったです。正面から行っていたら、大きな石碑があったので、たぶんそこで意識が近世になっていただろうと思います。

社殿の空間は、「ここは古い時代、とても重要な場所でした」と物語っている「気」が満ちていました。住居だったという説明板がありましたが、違うだろうな、というのが私が受けた印象です。社殿に神様はいなくて、「大切な場所だった」という、土地の強い主張だけがありました。

あとから宮崎神宮の神様に確認したところ、ここは古代の「祭祀場」だったそうです。神籬《ひもろぎ》があって、祈りを捧げる、祈願をする場所です。とても神聖な一角だったということです。正確には神社とは少しズレているらしいのですが、このあたりだということでした。

宮崎神宮再訪

やっと会えたニニギさんの息子

初回参拝のところで説明したように、駐車場から行くと参道の真ん中あたりに出ます。そこから社殿に向かうのではなくて、今回は正式に一の鳥居から入ろうと思い、逆向きに歩きました。この日はけっこう参拝客がいて、参道はにぎわっていました。団体客だったのかもしれません。

一の鳥居を出たところにはお土産屋さんがあり、カフェもありました。朝からハードに取材をしていた私は、そういえば疲れているかも？　と気づき、カフェで休憩を取ることにしました。体が変に疲れていると、簡単にわかることもわからなかったりするので、カフェがあってよかったです。のんびりと温かいものを飲みました。

リフレッシュをして、「よし！　行くぞー」と張り切って鳥居をくぐったら、見事にスカーッと誰もいません。あれ？　さっきまでたくさんいた参拝客は？　とキョロキョロしましたが、私がお茶をしている間に帰ったようです。

おかげさまで参道を独り占め状態で歩き、写真を撮りまくり、そのまま神前までずっと1人の空間でした。参拝を終えて参道を逆向きに歩き出したところで、人がぞろぞろとやってきました。1人にしてくれた神様のお心遣いがありがたかったです。神様はきっと、古代のことや神様の真意などをしっかり伝えたかったのだろうと思います。

前回来た時に、私はこの神社のことがよくわかりませんでした。もしも、中途半端にわかっていたら、中途半端に別の本に書いたりブログで紹介していたかもしれません。私が古代の取材で近々再訪することを、神様は知っていたのです。そして、この神社はそちらのほうで紹介されるべき神社だったということです。

まずは一の鳥居から参道に入ったところで、ご挨拶をしました。

「こんにちはー！　桜井識子です、2回目です！　お久しぶりです。今日は古事記やニニギさんのことを教えてもらいに来ました！」

「おーおー、よく来たの～」

神様はとっても嬉しそうです。前回は無口でクールな印象を受けたのですが、全然そんなことはありません。「やっと、その件で来たか～」みたいな大歓迎ムードでした。

この神様はもとが人間です。お顔はちょっぴり長めで四角っぽいです。卵型とか顎が尖っているとか、そのような感じではありません。正方形ではなく、長方形のお顔なのです。50歳よりも少し若いくらいでしょうか、46歳とか47歳あたりに見えます。そして、すっごく優しいお人柄なのです。

「神様は、ニニギさんと関係がありますよね？」

「息子だ」

やっぱり！　と思いました。ニニギさんの長男だそうです。

「東征をしたのは、神様の息子さんですか？」

「そうだ」

「息子さんが東征する時に、ニニギさんは生きていらしたんですか？」

年齢に関することを知りたかったのと、もしも生きていたのなら、なぜ一緒に行かなかったのか、もしかしたら途中まで一緒に行ったのか、などを聞こうと思ってした質問です。すると、

「いや、死ぬのを待って、それから行った」

という答えが返ってきました。

「え？」

完全に想定外の答えです。意味がわかりませんでした。

ご先祖様になるということは

神様の説明によると、ニニギさんの時代、死後の世界のことはほぼ正しく理解されていたそうです。仏教という宗教がまだ日本に入ってきていない時代なのに、すごいな、と思いました。人間は死ぬと、あちらの世界から大事な人を守る存在になれる、守る力を持つことができる、と知っていたそうです。

年を取ったニニギさんは、東征に一緒に行くことができません。生きたままでは体がついていかないため、近畿まで行くことは不可能なのです。途中で病気になるかもしれず、怪我をするかもしれず、健康なままだとしても歩くのは遅いし、長く歩けないため、足手まといになることが予測できます。

死んでご先祖様になったら特殊なパワーが使えますが、まだ生きている人間の間はそのような力を使うことはできません。しかし、死んでしまえば、見えない世界から力強いサポートができるのです。足手まといどころか、ありがたいパワフルな助っ人になります。

宮崎神宮の神様の息子（ニニギさんの孫）である「イワハレビコ（神武天皇と書くと違和感があるため、こちらの名前で書きます。古事記ではイワレビコとなっていますが、父親である神様が呼んでいた名前のままで書きます）」さんは、偉大な祖父を守りにつけて近畿へ行きたいわけです。そのため、変に焦ったりせず、おとなしく静かに時を待ったそうです。ニニギさんもそのことは知っていて、亡くなったらしっかり守ってやるということを言っていたらしいです。

イワハレビコさんはニニギさんに失礼がないように、ニニギさんが生きている間は東征の準備をしなかったと言います。亡くなってから、それから準備を始めたそうです。どうやらそれで出発時にはけっこう年を取っていたみたいです。

「あの？　父親である神様は？　一緒に行かなかったのですか？」

父であるこの神様もすでにお年を召していたそうです。神様はその当時、ここ宮崎を平らかに治めていました。もしも、大王であるこの方がどこかへ行ったら、他のクニが攻めてくるかもしれません。人々をそのような危険なめに遭わせるわけにはいかない、ということでクニを守るために残っています。

いくら大昔で初期の権力者だったとはいえ、治める側である大王は、ちゃんと住民のことを考えていたのですね。自分が中央へ行って、大和を治めてみたいという夢はあったのかもしれませんが、大事な民を困らせるわけにはいかない、といったところでしょうか。

自然霊として存在しているヤタガラス

高千穂峰で見たヤタガラスについても聞いてみました。熊野にいるヤタガラスは集団でいます。一番数が多いのは「熊野那智大社」で、境内にはヤタガラス専用の社殿があります。飛瀧《ひろう》神社のほうにもヤタガラスはいて、ものすごく大きなお姿をした1体をここで見たことがあります。かなり厳しめですが、「この人間を守る！」と決めたら徹底的に厚いご加護をくれる、そのような性質をしています。

しかし、高千穂峰では1体しか見ていません。

「1体しかいないのでしょうか？」

と、尋ねてみました。

「うむ」

神様は私が不思議そうにしているのでニコニコしながら答えてくれました。高千穂峰の神域入口で私を待っていたあのヤタガラスは、今はニニギさん神様の眷属だそうです。

なぜ南九州にヤタガラスがいるのだろう？　という疑問についても教えてくれました。ヤタガラスはもともと自然霊として存在しているそうです。ただ、日本全国のあちこちに、たくさんいるわけではないとのことです。珍しい自然霊だったのですね。それを聞いて、

ヤタガラスというのは、たしかに種類名だなぁ、と思いました。

ということは、ヤタガラスは龍と同じような存在です。私の中では熊野の神々の専用眷属、みたいな感じだったのですが、フリーのヤタガラスもいるというわけです。見えない世界は本当に奥が深いです。まだまだ知らないことだらけです。

その昔、大きな自然霊だったフリーのヤタガラスは、高千穂峰にいて自由に飛びまわっていました。もちろん誰の眷属でもありません。アマテラスさんに「イワハレビコを大和まで案内するように」と言われたので、それで案内役をしたそうです。

当時は地図もコンパスもありません。直感を頼りに歩いても、大和にはたどり着けないのです。というか、道がどう繋がっているのか、そのあたりの地形すらわかっていなかった時代です。なので道案内は必要でした。

ヤタガラスはアマテラスさんに頼まれたので、イワハレビコ一行を近畿まで連れて行き、そこで折り返しています。サッサと帰郷しているのです。約束は近畿まで案内する、でしたから、それ以上のことはしていません。

黒龍も高千穂峰にいるのですが、こちらは道案内に適しているとは言えないので、アマテラスさんはヤタガラスに頼んだようでした。龍は気ままな性質なので、長い時間人間と一緒に行動をすることが難しいみたいです。できないことはありませんが、龍にとってそれはものすごいストレスになります。

宮崎神宮はニニギさんの宮殿跡だった

ここで初めて神社の由緒書きを読んでみたら！　ご祭神は神武天皇になっていて、神武天皇のご両親も正式に祀られていました。で、そのお名前が「鸕鷀草葺不合尊（ウガヤフキアエズノミコト）」となっています。ええ、そうです、この名前の人物は吾平山上陵にも祀られています。

しかし……陵には薩摩の祖であるアエズさんがいました。アエズさんは実在の人物で、どうやらこの鸕鷀草葺不合尊（天津日高日子波限建鵜草葺不合命）のモデルになっているようなのです。つまり、この人物は瓊瓊杵尊の孫ではなく、薩摩川内市で生きていた別人です。長い時間をかけて伝わったため、このような間違いが起こったと思われます。で、今、ここに神様としている方は、ニニギさんの正真正銘の息子さんです。古事記に照らし合わせると、瓊瓊杵尊の息子は海幸彦か山幸彦ということになるのでしょうが、そのどちらでもありません。

神様によると、当時「アエズ」というのは普通によくある音だったそうです。太郎とか三郎とか、そのような感じのニュアンスでした。一般的だったみたいです。

「東征はご神託ということですが、行こうと決めてから、神様と約束を交わされたのでしょうか？　近畿に行きますから、必ず統一させて下さい、と。そして、その約束が果たされたから、ヤマト政権ができたということなのでしょうか？」

現代の私たちから見れば、奈良でヤマト政権が発足した、その当時は奈良が中心だった、と知っているので、九州から奈良に向かって行ったのね〜、と考えます。しかし、その当時の南九州の人からすると、奈良がどこなのか、どんな土地なのか、日本がどのようになっているのか、さっぱりわかっていなかったのでは？　と思うのです。

私だったら、統一できるかどうか不明な状態で、よくわからない遠い土地まで時間をかけて行くのはイヤだな、と思います。それなら南九州から北九州を攻めて、九州を統一するほうが地に足がついているというか、現実的な気がします。

さらに突っ込んで聞いていくと、神託により近畿へ行ったわけですが、当時は天照大神という神様の概念はなかったそうです。つまり……シャーマンが「神が大和へ行けと言っている」と言った、ただそれだけで出発したのがすごいです。

神様によれば、この宮崎神宮の場所がニニギさんの宮殿跡だったそうです。

この神様はニニギさんの息子であり、ニニギさんと同じく、民衆を思い、民衆のためによい政治をする、という人でした。当時の人にはまだ「日本」とか「日本人」という国土全体を意識する概念はなかったかもしれませんが、その基礎となるものを持っていた方です。日本を心から愛した最初の人かもしれません。

明治天皇の陵と同じ「気」が境内に流れているのは、日本を心から大切に思う気持ち、考え方が同じだったからでした。愛国心が強い神様なのです。

生目古墳群

４人の男性が出てきてくれたけれど

生目《いきめ》古墳群は宮崎県宮崎市跡江という場所にあります。ここには１００メートルを超える古墳３基を含む、50基の古墳があるそうです。現地でもらったリーフレットにはおよそ１８００年前から１３００年前に作られた古墳だと書かれていて、いくつかの古墳には寄り添うように地下式横穴墓が多数あります。

地下式横穴墓とは、地下に作られた古墳時代のお墓で、宮崎県南部と鹿児島県東部にしかありません。このお墓が前方後円墳のまわりに作られています。21号墳の周囲には13基もの地下式横穴墓があります。

生目《いきめ》古墳群史跡公園は広くて、公園内を端から端まで歩くのは「思ったよりしんどい〜」と呟いてしまうくらい距離があります。ちょうど中心部あたりに芝生広場というところがあり、そこには石仏がぐるりと円を描くようにして置かれていて、信仰の場が作られていました。

円の中には壊れかけている小屋があって、近づいてみると3体の石仏が祀られていました。その3体は精巧な作りではないけれど、というか、少し摩耗しているのですが、まろやかなオーラを放っていました。

真ん中は大日如来、左に空海さん、右にお不動さんです。この石仏3体がとってもよい表情をしているのです。大日如来は軽く微笑んでいるように見えますし、お不動さんも全然怖くなくて、むしろ優しそうという顔です。石仏も小屋も古いのですが、人々に大切にされてきたという感じであたたかい気持ちになります。

公園内を歩くと、前方後円墳がいくつかありましたが、ぽっこりした円墳もたくさん残っ

ていました。とりあえず、見えない世界の誰かに出て来てもらわなければ、古墳をただ見学するだけで終わってしまいます。

そこで、「ニニギさんやイワハレビコさんをご存知の方、出て来て下さい！」と叫んでみました。すると、４人の男性があちらこちらから出て来て、私の前に集まります。

「ニニギさんと生きていた時代が同じですか？　ニニギさんのことを教えて下さい」

と言うと、４人ともが、自分たちはもっとあとの時代の人間だと言います。

ああ、そうか、前方後円墳はヤマト政権ができてからだから、時代が違うのか、とわかりましたが、しつこく確認のために聞いてみました。

「イワハレビコさんも知りませんか？」

4人は、その2人が伝説になった頃に生きていたと言います。だいぶあとになるとのことでした。そうか～、とガッカリしましたが、ここであきらめるわけにはいきません。

この古墳群は小山になっています。たぶん、前方後円墳などができる前から埋葬地だったように思います。それが伝わってくるのです。ということは……もっと古い時代の誰かがいるはずです。ニニギさんの時代にここに埋葬された人が……。

時代が古くてお墓だとわかってもらえずにそのまま眠っている、発掘されていない人物がいるはずだと思った私は、出て来てくれた4人にお願いをしてみました。

「もっと古い時代の人が、まだここにいたら、その方を連れて来てもらえませんか？」

すると、1人の高齢の男性が連れて来られました。おじいさんと言っても怒られないくらいの年齢で、古代にしては珍しいです。

ついに聞くことができた！　当時の民衆の声

「ニニギさんに会ったことがありますか？」

「会ったことはない」

「イワハレビコさんはどうでしょう？」

「祖父からその名前は聞いたことがある」

「え！　そうなんですねっ！　おじい様はイワハレビコさんのことをなんとおっしゃっていたのですか？」

この方の祖父は、ニニギさん、ニニギさんの息子と孫を全員まとめて、「山のほうから来た人たち」と言っていたそうです。さらにニニギさんを、

「神のような人だった」

とも言っていたというのです！

うわー、やっぱりそうなんだ！　と思いました。民衆にすごく支持されていたのですね。この方の祖父は、ニニギさんは見たことがなかったようですが、ニニギさんの息子と孫は実際に見ていたらしいです。この時点ですでにニニギさんはレジェンド化していたみたいです。

神のような人が来て、このクニを作ってくれたから、今こうして平和に暮らせるのだ、と祖父は孫であるこの方に語ったと言います。宮崎に攻めてきて腹が立ったとか、そのような感情ではなく、ニニギさん来てくれてありがとう、統一してくれてありがとう、とい

う感覚だったみたいです。

重要なのは〝神のような人だった〟と言っていた、というところです。あっちでもこっちでもニニギさんを〝神のような人だった〟とみんなが称えたため、それが天孫降臨というストーリーを生んだのではないか、と思いました。

イワハレビコさんは舟でクニを出て行った、ということも祖父から聞いた、と言います。多くの住民が見送りに行ったそうです。港から出航する時に、泣いていた人もいたということでした。

「人徳があったのですね」

イワハレビコさんも、ニニギさんの息子も、ものすごく慕われていたそうです。

ついでに、神話についても聞いてみました。

「おじい様に、イザナギ、イザナミとか、スサノオノミコトとか、そういう神様のお話を聞いたことがありますか？」

「ない」

「そのような……神様がこの国を作った、みたいな宗教はなかったのでしょうか？」

という質問には、ニニギさんがそのような人だった、神のような人だった、尊敬している、山から来た人だった、と言っていました。この〝山〟という言葉には、神聖な場所という意味が含まれていました。

この土地の人々は、ニニギさん一族を崇拝する気持ちが特別に強かったようです。よい政治をしていたのだと思われます。イザナギ、イザナミ、スサノオノミコトは知らない、という部分が個人的には非常に興味深かったです。

「では、なんの神様を信仰していたのですか？」

「山の神、海の神」

へぇぇぇぇー！　あ、でも、どこかで聞いたことがある……と必死で思い出しました。それを教えてくれたのは、滋賀県の伊吹山の神様でした。

超古代の人間は、狩猟採集によって食べ物を確保していたため、山の恩恵にあずかることが多かったそうです。山に行けば、何かしら食べ物を手に入れることができます。その理由は、山には食べられる植物がたくさんある、ウサギなどの小動物が多くいるということなのですが、古代の日本人は「山はなんてありがたいのだろう」と考え、「ありがとう、ありがとう」と山に感謝をしていたそうです。宮崎には海もありますから、それで山と海の神様に祈っていたのだろうと思いました。

人間を神様扱いして崇拝をしたのはニニギさんが初めてのようです。

「出雲のことなんて、知らないですよね？」

「出雲？　聞いたことがない」

つまり……ニニギさんという人が実在していて、高千穂峰のあたりから勢力を伸ばしてきた。ついには宮崎までの大きな範囲を統一した。それによりこの地に平和が訪れて、人々は幸せに暮らし、ニニギさん一族を支持した。その孫は奈良へ行ってヤマト政権を作り（ここは検証していないので推測です）、息子は宮崎に残って土地と人々を守った……。

これが事実のようです。

美々津港

立磐神社

神武天皇が東征した時の出航地である、という言い伝えがある港です。港には「立磐《たていわ》神社」があり、公式ホームページには、
【立磐神社は、その昔、神武天皇御東遷の際、美々津港より御船出するにあたり、航海の

安全を御祈念され、海上の守護神であられる底筒男命《そこつつのおのみこと》、中筒男命《なか》、表筒男命《うわ》の三神を奉斎したことに因んで、第十二代景行天皇の御代に創祀されました】

【境内には、神武天皇が座られたという「神武天皇御腰掛の岩」があり、玉垣を巡らして岩其のものを神武天皇の御神体として崇拝しております】

と、書かれています。

私は港のほうから行ったので、「日本海軍発祥之地」という大きな石碑を最初に見ました。神武天皇御親率の水軍がはじめて構成され、進発した美々津の地を「日本海軍発祥之地」と定めた、という説明が書かれていました。錨のオブジェなどもありました。

神社は派手ではなく、どちらかというとひっそりと建っている、控えめな感じです。鳥居のこちらから境内を見ると、どこか有名な日本庭園のような、そんな気品もあります。

鳥居をくぐると、拝殿の手前に、「神武天皇　御腰掛之磐」がありました。やや大きめの石があって、しめ縄が張られています。石は丁寧に囲いをされていて、正面には小さめながらもどっしりとした鳥居が建てられていました。

神社の左側は岩の放つパワーがすごくて、もともとここは土地に力があるようです。

この神社には老人のような、おじいさんっぽい神様がいます。仙人のよう、と言ったほうがしっくりくるかもしれません。白いヒゲを長くもっさりと伸ばしています。手には、てっぺんが曲がっている典型的な魔法使い用？　みたいな杖を持っています。

「ここから本当にニニギさんのお孫さんが出航したのでしょうか？」

「そうだ」

という答えをいただきましたが、なんだか腑に落ちないのです。神社の裏側にまわってみると、少し離れている岩場へと板が渡されていました。鉄パイプと板で狭い通路が海上に作られており、向こう側へ行けるようになっているのです。

なんだろう？　石仏でもあるのかな？　と見に行ってみると、どうやらそこ（板の端っこ）から下に降りられるようでした。岩場ですから、岩がそのまま海へと沈んでいて、海水が寄せては返しています。パワーがある水辺なので、「はて？」と、よーく見ると、驚くことにその岩場は「柱状節理」になっていました。やはり、もともとパワーがある土地なのです。

降りて、その岩場をぐるりと向こうへまわってみたい、石仏がありそうだと思いましたが（こちらからは見えないのです）、許可なく降りるのはダメかもしれない、と思ってやめました。あとから車で、反対側の道路から下に降りられないか、道を探してみましたがありませんでした。すべて崖になっていたので、神社の裏、もしくは舟でしか行けないのかもしれません。

神社裏手は、美々津大橋の下をくぐって向こうに行けるようにも見えたので、橋の真下まで上ってみましたが、やっぱりその向こうは崖になっており、下には降りられませんでした。つまり、渡してある板のところからしか行けないのです。ものすごーく興味がありましたが、仕方なくあきらめました。

次に海岸の端っこまで行って、そこから海を眺めてみました。どうしてすんなり神武天皇の出航地だと納得できないのかと言いますと、美々津港の横には川があり、北へ行くにはこの川を渡らなければなりません。けれど、川の幅はそんなに大きくないのです。泳いで渡れそうですし、ちょっと上流に行けば小川程度の小さな川になるでしょうから、楽に渡れるように思います。

しかし、泳いで渡るとなると、自分は向こう岸へ行けますが、荷物はどうする？　となります。奈良に着くまでに幅が恐ろしく広い川もあるでしょうし、数も10本や20本ではなくもっと多いでしょうから、いちいち泳いでいたら身がもちません。同じく川があるたびに上流へ迂回するのも現実的ではないと思います。

川を迂回するために舟を作ったのかな、と思うと、今度は「なんでここから？」という疑問が湧きました。舟で出発するのなら、なにもここまで来なくても、宮崎から出航すればいい話です。

そんなことをあれこれ考えると、本当にここなのかなー、と思ってしまうわけです。けれど、神様はここだと言うのです。昔は川幅がもっとあって、水深も今よりももっと深かったと言います。泳いででも渡れたのだけれど、向こう岸は切り立った岩場だったため登るのが大変だったということです。

「上流のほうへ行って小川を渡るというのはどうでしょうか？」と言うと、舟だと長く歩かなくていい、というメリットを教えてくれました。

徒歩だったら上流まで歩かなければなりません。山にまで入ることになったら、登る必要があるのです。近畿に行くまでに、川をいくつ渡らなければいけないのか、という話になります。つまり、何回迂回するねん、ということですね。

山道を歩いていれば崖もあるし、襲ってくる動物もいます。怪我もしやすく、刺す虫もいます。そのような陸地を行くより、舟のほうが体力も温存でき、安全であるとのことでした。

なるほど〜、と、納得したので神様にお礼を言って車に乗りました。それからさきほど書いた岩場へ行く道がないか探していたのですが……やっぱり気になります。どうして美々津から出航したのだろうという疑問が消えないのです。これはもう、当時を知っている神様に聞くしかない、ということで来た道を戻りました。

都農神社

アトラクション的な楽しみ方

この都農《つの》神社は別の本の取材で、1月にすでにお話を聞いていました。その時は力の強い神様だし、願掛けをしたらすごいことになるのでは？　と感じつつも、心のあり方を教えてもらったので、癒やし系のごりやくをいただいて帰りました。今回は他にたくさん取材したい神社や陵、古墳があったので、都農神社はパスをする予定でした。

しかし、美々津港出航のことを知っている神様にこの件を確認したいと思った私は、なぜか「都農神社だな」と思いました。宮崎神宮に戻るのが一番確実なのですが、どうしてなのか理由はわかりませんが、都農神社に行ってもわかる、という確信がありました。

どのような神様なのかを知っていただくために、1回目の参拝のお話からします。この神社はアトラクション的なやることがたくさんあります。もちろん全部しなくていいですし、まったくしなくてもなんの問題もありません。どのようなものがあるのかをちょっとご紹介します。

①石持ち神事

小石を持って参拝します。この神社に古くから伝わる信仰の一つだそうです。長い参道の真ん中あたりに橋があります。その橋の手前右側に小箱があって、その中に小石がたくさん入っています。それを一つ持って、拝殿へと進み、本殿の裏側に奉納します。

②セルフ幣でお清め

手水舎のところに幣が3本置かれていました。ありがたいですね。水で清めたあとに、幣でも全身をシャッシャッと清めることができます。よりクリアになります。

③身代わり人形《ひとかた》

拝殿の左側に用意されています。小さな紙片に、名前、生年月日、年齢を書き、頭から手足の先まで全身をその紙で撫でます。最後に息を吹きかけます。身についている罪や穢れを人形に託す、と書かれていました。ペット用と車用の紙片も置いてあるという親切ぶりです。

私のアドバイスも加えさせていただくと、息はフーフーフーと3回、吹きかけたほうがすべての穢れを託せます。このお祓いは普通の神社では、6月末と12月末しかしていないので、いつでもできるのはありがたいことになります。お賽銭箱が置いてありましたので、お礼の気持ちを入れるといいと思います。

④願掛け太鼓

和太鼓を叩かせてもらえます。太鼓なので、ドーン！　と大きな音がするだろうな〜、と小心者の私はパスをしました。シーンと静かな日だったからです。太鼓を鳴らせることは普通の生活ではないと思うので、遠慮なく叩かせていただくといいです。音が悪いものを祓います。

⑤大杓文字《おおしゃもじ》

「悩みの元をメシ取る大杓文字」というタイトルでした。体の悪いところや全身を、この大きなしゃもじで撫でるそうです。しゃもじには鈴がついていますから、その後、願い事を念じつつ、しゃもじを振って鈴を鳴らします。

ちなみに私は頭を撫で撫でしておきました。

⑥「神の石納所」に小石を置く

本殿の裏側に「神の石納所」があります。そこに①で持って来た小石を奉納します。小石を奉納する時は、願いを込めるのがコツです。というのは、石は念を保持するので、しっかりお願い事を入れておけば、神様と眷属が「おぉっ?」と見てくれる可能性があるからです。

他にも、絵馬を書いたり、おみくじを引いたり、「撫で大黒」と「撫でウサギ」も撫でると、けっこう忙しく、また楽しい参拝になるかと思います。

天気の会話で教わったこと

見るものは多いし、やることも多いしで、バタバタと神社の裏側まで行って、写真を撮っていた時でした。神様がいきなり声をかけてくれました。

「良い天気じゃの〜」と。

え?　と見上げたら、雲一つない快晴で、真っ青の空が頭上に広がっていました。うわぁ!　本当にいい天気だな〜、と気づきました。それまで頭の中は、アトラクションすべての写真を撮らねば、内容を覚えねば、ということで占められていたので、お天気のことまで考える余裕がありませんでした。

「人間はお天気がいいと喜ぶ人が多いのですが、神様もお天気がいいと嬉しいのですか？」

「天気が良いと気持ちがはずむだろう？」

「はい！　たしかにそうですね」

神様は満足そうにニコニコしていました。この日はポカポカと暖かくて1月なのに上着がいらないくらいの陽気でした。本当に珍しいほど良いお天気だったのです。

一瞬ほっこりした私でしたが、それからもバタバタと写真を撮ったり、授与所を見たり、せかせかと忙しく動いていたら、またしても神様が言いました。

「良い天気じゃの〜」と。

いいお天気が好きなのかな？　と思いましたが、違う質問をしてみました。

「何か特別なごりやくがありますか？」

そう聞いても神様は空を見上げて、ニコニコしたまま黙っています。多くの人に来てもらいたいという気持ちがまったくない神様のようです。自然体といいますか、神様が神様として、そこに「いる」という感じでした。ふところが深い、大きな神様という印象です。

すべてのことを終えて、駐車場へと向かう時に、またしても言われました。

「良い天気じゃの～」

「そ～ですね～」

私もゆっくり空を見上げ、その青さを心から堪能しました。おぉ、そうだ、この空の写真も撮っておこう、とカメラを出し、パシャッと撮った時でした。神様がたったひとことだけ、こう言いました。

「心もの～」

ハッとしました。心もこのようにあれ、と言っているのです。快晴で雲一つなくすっきり爽やかな澄み切った青空、ポカポカと暖かい日差し、誰もが笑顔になってしまう、そんな優しいお天気です。神様は、心もそのように保ちなさいと言っているのです。心がいつもこんなふうに凪《な》いだ状態だったら、どんなに幸せだろう……と思いました。

ちょっとした小さなことですぐに腹を立てる、イラッとしたらもうそのままイライラを継続する、人が何かをするたびにいちいちムカつく……。人間の心は、動くままに放っておいたら、すぐに腹を立てます。

すぐに落ち込むというパターンもあります。ああ言われた、こう言われたと必要以上に悲しんでしまい、大きく傷つくことも多いです。感情は本人の意思とは関係なく、また、本人の許可なく、いきなり勝手に動きます。特に怒りはそうです。

神様は、いつも心をこの青空のように、スカーッと高く快晴に保っておいたほうがいい、と言っているのです。腹が立つことがあっても、落ち込むことがあっても、心は自分で意識して整えて、なるべく雲一つない青空にしておくことが大事です。心が常にこの状態だったら、人は幸せです。その幸せを保てば、一生幸せです。心の持ち方で……人生が変わる、ということです。

毎日、悲しい悲しいと思って生きれば、悲しい人生です。腹が立つ腹が立つと思っていると、腹が立つことばかりの人生になります。日々の自分の思い、心で、人生が決まってしまうのですね。神様に言われたような心に保っておけば、どんなに苦労をした人生だったとしても、爽やかな一生で終わるように思います。

そうか、心をうまく整えて、青空のような人生にしたいな～、と思いました。天気の話しかしていないのに、深いことを教えてくれた神様です。

これが1回目の参拝時のお話です。

美々津港からの出航秘話

2回目の参拝となったこの日は、美々津港から行って駐車場に車を停め、参道に出ると、なんと！　参拝者が一人もいません。私一人の空間にしてくれて、神様は到着を待ってくれていたのです。

ああ、やっぱりほんわかと優しい神様なのだ、と思いました。今回はアトラクションをすべてパスして、神様のお話に集中することにしました。一直線に拝殿を見ながら参道を歩き、ご挨拶をします。

「神様、こんにちはー！　またやって来ました！　よろしくお願いします」

神様は前回同様、にこやかにそこにおられます。イワハレビコさんのことを聞こうとした時、

「心を穏やかに保っているか？」

と聞かれました。

「え！　えっと……実は、今、元夫とケンカ中なんです～」

そう答えると、神様は笑いながら空を指し示しました。見上げると、今回も見事な快晴です。美しい青空が広がっていました。ああ、そうだった、心はこのようにいつも爽やかに保たなくては、と改めて思いました。元夫とケンカをして、ンモー！　とイライラしていたことを反省し、深呼吸をすると心が落ち着きました。そうなると、

「私から謝ってもいいか」

と、思えるほど心に余裕ができました。

不思議です。こだわっている時は思い出すたびにイライラしていたのに、青空をお手本にして心を整えてみたら、こちらから謝ってもいいか～、と思えたのです。たった1～2分でこの変化です（ちなみに元夫とは婚姻は解消していますが、人生のパートナーとして今でも仲良しです。時々ブログや本にも登場しています）。

人生は本当に心の持ち方次第なのかもしれません。そのへんのお話をもっと聞きたかったのですが、イワハレビコさんが東征に出航したのは美々津港からだったのか？　という

ことを聞かなければなりません。半信半疑だった質問の答えは、やはり「そうだ」ということです。

「神様？　宮崎市がクニの都で宮殿もあったわけですよね？　華々しく宮崎から出航すればいいのに、どうして美々津が出航地なのでしょう？　私だったら宮崎から行くと思います」

という意見を言ってみました。

なにもあんなに離れた美々津港まで行かなくても……というか、遠く離れた土地まで行って、そこで舟を作らなくても、宮崎なら人も多いのに……と思うわけです。このように考えれば考えるほど、ここの部分は私にとって謎なのです。

神様によると、当時、美々津はクニの北端だったそうです。ですから、この土地までがクニです。私が「あんな遠くまで」と思うのは現代の地名が日向市だからかもしれません。昔は美々津までがクニですから、遠いも何も、同じ領土だったということです。宮殿あたりの海岸から行くのも、美々津港から行くのも、宮崎のクニから行くわけでその点から見ると同じだったのです。

「美々津港がクニの端っこだったことはわかりました。では、どうして川を迂回する方法で歩いて行かなかったのでしょうか？　立磐神社の神様が教えてくれたのですが、上流まで歩く距離の問題、迂回路が山道だったら登らなければならずしんどいこと、近畿にたどり着くまでに川や崖などがいくつもある、襲ってくる動物や虫がいる陸地を行くよりは、舟のほうが体力を温存できるし、安全であるとのことでした」

神様はふむふむと聞き、それからゆっくりと、

「立磐神社の神の言う通りである」

と言いました。そして、こうつけ加えたのです。

「神託に従って、舟出を選んだのだ」

当時のシャーマンが神様に聞いたところ、川や崖を迂回して行くよりも舟で行ったほうがよいと言われたそうです。理由は立磐神社の神様が言った通りです。

イワハレビコさんはものすごく信心深い人で、シャーマンが伝えることはすべて信じていたと言います。シャーマンが何か言うと、「はい」「はい」と聞いていたそうで、普通の人だったら「はぁ？」と疑うところも、全部受け入れていたということです。

「迂回をするのは縁起が悪い」

「日の出の方向に向かって舟出をすると縁起がよく、勝ちに結びつく」

という神託もあったそうです。舟で出航しろ、東へ向かって出航しろ、西に向かうのはNGである、回り道もブーである、とシャーマンが言ったのですね。日の出に向かって出発することがイワハレビコさんにはふさわしい、とも言ったらしいです。

「東征する時に、ここで戦勝祈願をしたというのは……本当ですか？」

「来たぞ」

ただ、その当時、ここに神社があったわけではないそうです。簡素というか、超粗末というか、ボロボロの小さな小屋（壁はありません）が建っていて、その奥に神籬《ひもろぎ》があったそうです。祭祀場だったのですね。そこに東征の成功と勝利の祈願に来たそうです。

「神様はその時からここにいらっしゃるのですか？」

「うむ」

呼ばれると、山から神籬に来ていたそうです。神様はとてもおっとりとした、大きな山の神様です（山岳系ではありません）。落ち着いているというか、どっしりとしています。話を聞いてわかったのは、この神様は「道をひらく」神様です。つまり「開運」のごりやくがある、というわけです。それも相当強めの「開運」がもらえます。

イワハレビコさんは舟着場に近い神様だからと、たまたまここを参拝したのではなくて、シャーマンを通じてそのような神様であることを知っていたそうです。道をひらく、開運の神様である、と。

さらに「大きなことを成す」というごりやくパワーもありますから、近畿へ行って、そこで政権を作るという願掛けも、この神様だったら大きく叶えてもらえるわけです。

都農神社は宮崎市からは、車でも1時間近くかかる距離ですが、美々津港からは近いです。車で10分です。この開運の神様がいるから、美々津港を出航地にしたのではないか……と私は考えています。

私だったら東征する直前は、1週間くらい毎日参拝をして願掛けをしたいです。一世一代の旅立ちの朝は、この神様を拝んでから出航します。信仰心が厚かったイワハレビコさんですから、もしかしたら、これが美々津港を出航地にした本当の理由かもしれません。

まとめ

古事記はファンタジーなおとぎ話ではなかった

古事記に書かれている天孫降臨の瓊瓊杵尊は、実在した人物のニニギさんがモデルのようです。ニニギさんは不完全で未熟な社会を憂い、仲間とともに立ち上がって、自分が住んでいたムラを変えました。そして、ムラを平和に治めます。そこから少しずつ勢力を伸ばしていって、ついには宮崎市までの広い範囲を治めます。その地域を統一してクニを作りました。

ニニギさんには息子がいました。その息子も非常によい人格だったので、息子ともども人々に慕われ、尊敬されました。よい政治をするのでますます人気は高まります。民衆にとても信頼されていました。

ニニギさんの息子の息子であるイワハレビコさんは宮崎で生まれています。祖父のニニギさんが大王の時の孫です。成人して宮崎で政治をしていましたが、天照大神の神託により、近畿へと旅立っています。美々津港から出航しています。

イワハレビコさんは非常に信仰心の厚い人だったそうです。信心深い人は純粋であり、心がキレイです。立派な人格者である祖父と父に育てられたイワハレビコさんは、いいとこの子でもあり、人を押しのけてまで、人を蹴落としてまで前に出るというタイプではありませんでした。相手に対し、民衆に対しても、思いやりを持った優しくピュアな人だったのです。

年齢を重ねてもキラキラとした少年のような輝きを持ち、生まれつき心根のよい、人々のことを思いやることができる優しい人だった、ということで、日本中の神々が相談をしてイワハレビコさんを選んだのではないかと思います。ヤマト政権の基礎を作る人に、です。

そのヤマト政権ですが、歴史上では卑弥呼時代の約１００年後あたりとなっています。しかし、私が見たニニギさんたちは卑弥呼よりも前の時代です。ですから、時間が合っていません。

これは私の推測ですが、イワハレビコさんは近畿に到着し、大和地方の中の一国を統一したのではないでしょうか。古事記に書かれているように、初代の天皇だった可能性が高いです。天照大神をはじめ多くの神々がついていたからです。

しかし、時間が合わないので、その後の天皇の数が、伝わっているよりも本当はもう少し多かったのではないかと思います。当時の伝承は正確ではないし、帝紀・旧辞（本辞）は間違いだらけだったということですから、まぁ、このくらい？　と天武天皇と稗田阿礼が人数を決めたのかもしれません。

イワハレビコさんの数代あとくらいは、まだ小さなクニ程度で政権というほど大きくはなかったようにも思います。どのように統一していったのかは、奈良のあちこちに行って話を聞くと繋がってくると思いますが、今のところ何もわかっておりません。

今回の取材で古事記は夢物語ではない、完全に創作されたおとぎ話ではない、ということがわかりました（私としては、証明された、と言いたいくらいです）。過去に本当にいた人物の偉業を、口づてに伝えるうちにちょっと形が変わった、そういうお話が含まれている書物なのです。

ニニギさんは高千穂峰のふもとが生まれ故郷だったため、のちの人々に、神のようなあの人は高千穂から来たらしい、ということで、天孫降臨が高千穂になったようです。イワハレビコさんは本当に宮崎から奈良へ行っており、そのきっかけも神託で、神々に選ばれた人物だったということもわかりました。

古事記には出雲のことが書かれていますし、イワハレビコさんの東征の旅についても記述があります。中には間違いもあるでしょうし、もしかしたら小さな創作が入っている部分があるかもしれません。けれど、大部分は過去にあった本当の話ではないかと思います。

そう考えると、古事記は歴史のロマンが詰まった書物であり、読むのがとても楽しくなります。いつかまた、機会があれば続きを検証してみたいな、と思いました。

第4章 天照大神

天照大神と会える場所

鹿児島県指宿市

私が書いた本やブログに詳しい方はご存知だと思いますが、私は今まで天照大神という神様に会ったことがありませんでした。ご祭神が天照大神である、という神社は意外と多くて、日本全国のあちらこちらにあります。しかし、実際に行ってみるとどの神社にも〝違う神様がいる〟のです。

それはもう、本当にどこに行ってもそうで、天照大神は神話の神様ですから、「古事記などの神話は創作なのだな」と、私はずっとそう思っていました。ですから、記紀を勉強しようという気持ちにならず、ここまできました。

おととしの12月に初めて沖縄に行って、琉球王国から続く沖縄独特の信仰があることを知りました。その時に、超古代の失われた大陸から来たという神様にも会いました。その関係で、天照大神という神様は創作ではなく本当に日本にいる、ということがわかったのです。

日本にいる、ということがわかっても、どこにいるのかという場所は不明でした。帰宅してからあれこれと調べましたが、ヒントがまったく見つからないのです。日本という国の中でたった一ヶ所を見つけるのは難しく、行き詰まっていました。伊勢神宮に行って、そこにいる多くの神様の誰かに聞くしかないかな、とそう思っていました。

そんな時、新潟県に取材に行ったのです。山岳系神様である彌彦神社を参拝した時に雑談を交わしていて、その話の流れから天照大神の話題になり……なんと！　彌彦神社の神様がコンタクトできる場所を教えてくれました。本当に飛び上がるほど嬉しかったです。私一人の力では、見つけられなかった可能性がありますし、運よく見つけられたとしても膨大な費用と時間がかかっていたと思います。

彌彦神社の神様は、鹿児島県の指宿である、と教えてくれました。それで、ごりやく別の神社仏閣をご紹介する本の取材で南九州へ行った時に、ちょっと指宿にも寄ってみたのです。

最初は海岸に行きました。浜辺で会えるのだろう、と思ったからです。しかし、予想に反して浜辺で会うことはできませんでした。となると、指宿で考えられる場所は開聞岳しかありません。ということで、開聞岳に登ってみました。

ちなみに1回目の登山の時はまだ古事記については何も知らないし、その取材をしに近いうちにまた来ることもわかっていません。他の本の取材の合間に、天照大神に会えそうだから開聞岳に登ってみた、それだけだったのです。

初回の開聞岳登山にて

高天原は本当にあった！

登山者用の駐車場は意外と下のほうにあって、そこから2合目登山口までけっこう歩きます。駐車場があるところは公園になっていますから、ここでトイレを済ませておきました。開聞岳は登山に2時間〜2時間半、下山に2時間かかるという山です。頂上で過ごす時間を加えると5時間近くの時間が必要になります。

そこでふと、山頂にトイレがあるのかな？　と思ったので、売店の人に聞くと「ないんですよ〜」という返答でした。そうか、ないのか、と思うと変なプレッシャーがかかります。とりあえず、水分は控えようと思いました。高千穂峰みたいに、「携帯トイレ」システムにしてもらえないかな〜、ということをチラッと思いました。

広い公園の中を突っ切って、山のふもとの道路に出ます。そのまま道路を少し歩くと……15分くらいでしょうか、2合目登山口がありました。そこからは狭い登山道になります。

ヒーヒーゼーゼー言いながら登りつつも、時々止まっては感覚を研ぎ澄まして、気配を感じてみました。ある程度の高さまで登ると、このあたりからだったら天照大神と繋がれそう、と思ったのですが、中途半端なことはせず5合目まで我慢しました。5合目を過ぎたところで、声に出してご挨拶をし、自己紹介をし、呼びかけてみました。

「天照大神というお名前で崇拝されている女性の神様、いらしたら出て来て下さい！」

「天照大神というお名前の神様、どうかお話を聞かせて下さい。よろしくお願いします！」

しばらくあれこれ呼びかけていると、非常に大きなお姿の神様が現れました。女性です。真っ黒な髪の毛はツヤツヤしているストレートヘアで、腰のあたりまであります。目は美しい青色ですが、私をじっと見ているうちに、その青い目がふ〜っと黒色に変わりました。黒髪に黒い目という日本人の顔になったのです。

頭には白いゴージャスな生花（現代にはないお花です）をたくさんつけた冠をかぶっていましたが、目がふ〜っと黒くなると同時に、冠が布のバンダナみたいなものに変わりました。細いハチマキみたいな布です。一気に日本人っぽくなって、見た目は完全に日本の女性の神様になりました。でも、最初に出て来た時は髪の毛は黒かったけれど青い目をしていましたし、真っ白いブーゲンビリアみたいな生花の冠をかぶっていました。

神様のサイズがケタ外れに大きくて、顔だけで開聞岳の半分はありそう……というくらい大きな神様です。

「すごいパワーですね……」

サイズに圧倒されてしまい、何かを聞くとかそういうことよりも、感想をつい言ってしまったくらいです。神様の説明によると、古代から日本中の多くの人々に厚く信仰をされてきているので、このように強大な存在になったとのことです。信仰心には神仏を応援する力がありますから、なるほど、と思いました。まずは神様のことについて聞いてみました。

「日本全国あちこちにある、ご祭神が天照大神という神社に私はたくさん参拝をしてきました。でも、神様とお会いしたことがありません」

神様は優しい微笑みを浮かべ、私を真正面から見ています。

「いつもこの開聞岳にいらっしゃるのでしょうか？　あれ？　違いますね？」

そうではないということが開聞岳の山の「気」からわかりました。この山に天照大神のご神気がないのです。

「神様は、普段はどこにいらっしゃるのでしょうか？」

「高天原《たかまがはら》」

「えっ？　えええーっ！　えええええーっ！　本当にあるんですかっ！　高天原って！」

ちょっと識子さん、なんて失礼な！　と思われた方がいらっしゃるかもしれませんが、完全に神話は作り話だと思っていた時だったので、心の底から驚きました。

神様という存在は神社やお社、山に「いる」のです。現実界の社殿や山という場所に神様の世界が重なって、そこに「いる」わけですから、高天原などという架空の世界に「いる」というのが信じられませんでした。ここだけの話ですが、「うっそー!」と心の中で大絶叫しました。

作り話ではないがすべてが真実でもない神話

アマテラスさん(天照大神様と書くべきなのかもしれませんが、古事記に書かれている、弟の素行にショックを受けて岩屋に隠れたという天照大神とこの神様は別人です。区別しやすいようにご本人のことはカタカナで書いています)によると、高天原は日本だけの特別な神様の世界だそうです。

たぶん、仏教で仏様がいるとされる「浄土」や「須弥山《しゅみせん》」みたいなものではないか、と私は思っています。

「その高天原は天空にあるのですか?」

「天空と〝中つ国〟の間にある」

は? 中つ国? え? ロード・オブ・ザ・リング? と思いました。

ええ、そうなんです、この時はまだ古事記に詳しくなかったので、中つ国という言葉が地上界を表すとは知らず、たしかロード・オブ・ザ・リングという映画に出てきた言葉だな―、と思いました。

するとアマテラスさんは笑いながら、地上と天空の間である、と言い換えてくれたのです。普段はそこにいると言っていました。

「高天原に1人でいて、そこで何をされているのですか？」

「1人ではない。他の神もいる」

「他の神？　ですか？」

「お前の言葉で言えば、神話の神だ」

「は？　神話って作り話じゃないんですか？」

「創作部分もあるが……その名の神はいる」

「はぁ……」

正直に白状します。この時点では、よくわかりませんでした。

たぶん……他の神様とは、神話の中の神様ですから人間が作った架空の神様です。実在しない神様なのにいるということは、心優しい高級霊がその神様として高天原という概念の中にいるのだろうな、と思いました。

仏様の成り立ちと一緒だと思ったのです。薬師如来さんだとか、阿弥陀如来さん、観音さんやお不動さんなどの仏様は、人間が考えて作りました。ですから、もともとそのような存在はいないのです。しかし、見えない世界の高級霊がその仏様として存在しようと決意され、それで薬師如来さんも阿弥陀如来さんも、観音さんやお不動さんもいるわけです（詳細は『聖地・高野山で教えてもらった もっと！ 神仏のご縁をもらうコツ』という本に書いています）。

イザナギ、イザナミという神様も、スサノオノミコトも高天原にいると聞いて、「ほー！」と思いました。が、しかし、この時は古事記に詳しくなかったため、「その神々は高天原に実際にいるのか～」と思っただけでこの話は終わりました。

アマテラスさんが高天原にいるという話を聞いて、そこに人間の声は届いているのかな？ と思ったので、こちらの質問をしてみました。

「全国には天照大神がご祭神の神社がたくさんあります。そこでは人々が、アマテラスさんに手を合わせていますが、それは届いているのでしょうか？」

「届いている」

お願いをしている人の声はちゃんと高天原に届いているそうです。ただし、道ができている神社に限る、という条件つきです。196ページで説明しています）。このあと、ちょっ

とした雑談をしていて、そこでニニギさんの話題になり、

「ニニギさんも古代から信仰を集めていると思うのですが？」

と聞いてみました。アマテラスさんはうなずきながら、

「そのおかげで、人間でありながら山の神（山岳系神様のことです）と同じ神格になって、山にいる」


と教えてくれました。驚きました。人間の信仰心はそんなに高いところまで押し上げるのですね。もちろんご本人の厳しい修行の成果が大きいと思うのですが、人々のあたたかいニニギさんを信じる心が山岳系神様のところまで神格を上げたようです。

アマテラスさんによると、神話は創作部分もあるが、事実を書いているところもあるとのことです。完全な作り話ではないし、すべてが真実というわけでもないそうです。登場する神様もすべて実在する神様ではなくて、実は人間（ニニギさんとか）、実在しない架空の神様、アマテラスさんのようにもともといた高級霊がその神様になる、というパターンがあるそうです。

人間を想う神様の気持ち

「高天原にいるアマテラスさんなのに、どうして開聞岳で繋がれるのでしょうか？」

という質問には、

「ここが上陸した土地だから」とのことでした。もちろん、最近ではなく超古代の話です。アマテラスさんは神様として太古の昔に日本に来ています。日本という島の神様になっていますから、長い間、日本の島全体の上にいました。するとちょうどそこに、高天原という世界が作られたため、高天原にいることにしたそうです。

アマテラスさんのお仕事は、この島国全体の人々の暮らしを守る、です。ですから、違う言い方をすれば、日本国民全員の暮らしの神様なのです。

「高天原にいらっしゃるということは、他の場所へは行かないんですよね？　たとえば、神社とか小さな祠とか、お社とか」

「たまに行くことがある」

へぇー！　と思いましたが、「たまに」と言うくらいなので、めったにないみたいです。いろいろと話を聞くと、天照大神がご祭神となっている神社は複雑です。そのほとんどの神社には全然別の神様が入っているのですが、本物のアマテラスさんが顔を出すことも、

まれにあるそうです。入っている違う神様はその時にどういう立場になるのかな……と思っていたら、

「お前は神のことがわかっていない」

と言われました。ここからはアマテラスさんの説明です。

もともと神様という存在も、人間からなった神様も、どちらも人間を助けてやりたい、守ってやりたい、サポートしてやりたいと心から思っています。慈愛ですね。神様という存在はみんな、ほんの少しであっても力になってやりたいと思っています。

で、あるところに神社が作られました。ご祭神は天照大神と決定します。しかし、そのご本人であるアマテラスさんは高天原にいるわけです。神社にはご祭神として入りません。となると、この神社はご祭神がいない、空っぽの神社となってしまいます。しかし、人々はせっせと手を合わせに来るわけです。信心深い人が一生懸命に天照大神にお願いをしますし、お供え物などを持って来ます。

それを見ていた土地の神様、山岳系の神様、近くの神社に何名かいる神様、近くの神社にいる強い眷属など、ご祭神となれる存在は心を痛めます。だったら「私が代わりに入って人々を助けよう」「私がこの神社で代わりに働こう」と、その神社に入ってご祭神にな

るのです。

人々はこの神様の本当の名前を知りません。「天照大神様、お願いします」と願掛けをします。神社に入っている神様は自分の名前ではなく、天照大神と呼ばれるわけですが、その件に関しては「まったくかまわない」と思っています。

天照大神ではない自分という存在を知ってもらいたいとか、天照大神ではなく自分を崇《あが》めてほしいとか、そのような意識はほとんどの神様にはないのです。天照大神だと誤解をされたままでも問題ないと言います。人間を救ってあげることができたら……それでいい、それが神様という存在なのです。

人間である私からすると、どうしてそこまでしてくれるのでしょうか？　と思ってしまうくらい人間を慈しんでくれています。

アマテラスさんが言うには、「人間は尊い生き物である」とのことです。

つらい人生を一生懸命に生きる、やっとその人生を終えあちらの世界に帰るが、また生まれ変わって、次のつらい人生を一生懸命に生きる、その人生を終えると、またまた生まれ変わって、一生懸命に……というその繰り返しをしているからです。

あちらの世界に帰って、そのまま向こうの世界ですごす（仕事をする）人もいれば、神

仏修行をする人もいます。そこは選択できるのですが、また人間をやる、頑張る、という人は、非常に「尊い」修行（ピッタリ合う言葉がないので修行という単語を使っています）をしているのです。ですから、できるだけサポートをしてやりたい、とアマテラスさんは言っていました。

この「神様の心境」は、私があちこちで聞く神様の話と一致しています。東北大震災で消えるギリギリまで自分を犠牲にして人々を助けた神様方も、そのようなお気持ちだったみたいです。

人間は……神様に、本当に愛されているのです。

元《もと》伊勢とは

おお、これも聞かねば！　と思ったのは、元伊勢の件です。これもご存知の方が多いと思いますが、軽く説明をいたしますと……。

伊勢神宮の神様（天照大神）は、もともと宮中で祀られていました。それが崇神天皇の時代に宮中を出られて、伊勢神宮がある現在の場所に鎮座するまでに、豊鍬入姫命《とよすきいりひめみこと》と一緒に各地を転々としています。

およそ90年をかけて（諸説あります）、伊勢に祀られたそうです。伊勢に落ち着くまでに、20ヶ所以上も遷座《せんざ》を繰り返し、いろんな土地へ行っているのです。その時に、一時的に祀られた場所が「元伊勢」と呼ばれています。

どうしてあんなにたくさんの土地に行って、あちこちに祀ってみたのかな？　というのが、長い間、私の疑問でした。そこを聞くと、豊鍬入姫命がうまくアマテラスさんとコンタクトできるところを探していた、と言うのです。

これは携帯の電波状態と似たようなもの、と思っていただければ近いです。豊鍬入姫命は電波状態が悪いところではうまくコンタクトができなかったようで、アンテナが４本しっかり立つ場所を探していたのですね。神仏とのコンタクトは、場所によって微妙に濃くなったり薄くなったりする部分があるからです。豊鍬入姫命は、よりハッキリわかる、見える、聞こえるところを探したみたいです。

開聞岳はすごくクリアに見えて、声も聞こえるのですが、京都からは遠いのでここまでは来られなかったのでしょう。近畿地方で一番よい場所を……とあちこち探し、結局、伊勢神宮のあたりが一番交信しやすかったみたいで、あの土地に遷座させたようです。

ちなみに、この時のご神体にアマテラスさん本人が入っていたのではありません。アマテラスさんはずっと高天原にいますから、そのご神体を通してコンタクトをしていたと思われます。

アマテラスさんの話では、もしも豊鍬入姫命の立場が私だったら、遷座させていたのは伊勢ではなく別の場所になるそうです。同じ神様とコンタクトを取るのに（アマテラスさんの場合は高天原との交信になりますが）、人によって最高に交信できる場所が違うというのは面白いです。霊能力と言いますか、その人の神様アンテナの違いだそうです。

私は伊勢神宮で多くの神様を見ましたが、アマテラスさんとはコンタクトができませんでした。というか、その時は高天原の存在を知らなかったので、アンテナを中空に向けることをしなかったのです。でも、次回行っても、たぶん伊勢神宮では開聞岳ほどクリアに見えて聞こえないように思います。

仏の世界と構造が似ている高天原

「高天原が天空と中つ国の中間（中空）にあるのなら……中つ国の神様や、山も地面になりますから山岳系の神様よりも、アマテラスさんのほうが格上なのでしょうか？」

「そうではない」

ちょうどその時、私はとても景色がよいところにいました。アマテラスさんはその景色を指さしながら教えてくれます。

ここで私が目で見ている世界は3次元世界です。3次元世界なのですが、空を見上げれば、そこにいる天空の神々が見えます。うまく神様世界がリンクしているのです。

同じように山を見れば、山岳系神様が見えます。こちらもそうです。うまく重ねてあるのです。神格はこの順番です。天空の神々が一番高く、次は山岳系の神様、というわけです（そのあとに大地の神様とかが続きます）。

あれ？　では高天原はどうなるの？　と思ったら、「世界が違う」と言われました。高天原はどちらかというと、仏様の世界に近いのです。空と地上の間にあるその世界は見えませんし、そこにいる神様も見えません。現実界とリンクしていないのです。浄土や須弥山という世界も現実界と重なっていないため見えないし、そこにいる仏様は見えません。

その浄土や須弥山にいる仏様は、地面にいる山岳系神様よりも格が高いのかというと、そうではありません。世界が違うので、いる場所で判断をすること自体ありえない話なのです。それと同じで、島の神様……つまり、日本全国を守る神様も世界が違うというわけです。

高天原は、仏様の世界と構造は似ていますが、システムが違います。

ほとんどの仏様は仏像から姿を現します。その仏像は、なんでもどれでもオーケーというわけではなくて、僧侶が開眼したもの、に限ります。雑貨屋さんで買ってきた仏像に手を合わせても、その仏像は仏様本体に道が繋がっていないので、声は届きませんし、その仏像から仏様が出てくることもありません。

しかし、アマテラスさんは仏様ではありませんから、ご自分の意思で、神社、お社、祠（ご祭神が天照大神になっているところ限定です）など、どこからでも姿を現すことができるのです。どこへでも自由に行けます。

仏様は開眼された仏像からしか姿を現せません。開眼された仏像がないところに……たとえば、東京駅の一角にいきなり薬師如来が姿を現して人々の願いを聞く、とかはないわけです。

しかし、アマテラスさんだったら、神社でもらった「天照大神」のおふだを東京駅に持って行けば、そこに「来る」ことは可能です。仏様のように、おふだから「姿を現す」のではありませんし、おふだに宿っているわけでもないのです。本人が「来る」のです。ここ、私の説明でわかってもらえていますでしょうか。ちょっと複雑な存在なのです。

アマテラスさんと会うには

天照大神を信仰している人はたくさんいます。こちらからの声が届いていると言われても、神様に会いたいと思う人はいるのではないでしょうか。どこに行けばアマテラスさんと会えるのか、身近に感じられるのか、たとえ見えなかったとしても対面できるのはどこなのか……を聞きました。

必ず出てきてもらえるのは、どうやら開聞岳のみのようです。アマテラスさんが日本という国に上陸した〝特別な場所〟である開聞岳だったら、誰が呼んでも来てくれるそうです。ちなみに開聞岳は、高天原にいる他の神様とも繋がれます。

では、なぜ上陸したのが開聞岳なのでしょうか？

実は太古の昔、開聞岳の場所に山はなかったと言います。ごく普通の海岸だったのですが、この場所だけ、ものすごい地球のエネルギーがあったそうです。エネルギーがグルグルと渦を巻いていたそうで、強烈なパワーを放っている土地だったのです。それでこの場所から日本に上陸し、日本の神界に入った、ということです。

その後、エネルギーは噴火して開聞岳を作り、火山活動をしたりしましたが、今は沈静化しています。けれど、今でもパワーは放出されています。実は開聞岳は、巨大で強大なパワースポットだったのです。ですから、ここのパワーを利用して会うことができます。

アマテラスさんに声が届く場所として、天照大神がご祭神の神社があげられますが、条件がありました。過去にその神社で、天照大神と繋がることができた人がいると、道ができているから、その道を通って声が届きます。道がなければ、『高天原』にまで声は届かないというのです。特殊な世界だからです。

ごく普通の神社は、神様か眷属がいつもその神社の社殿にいます。ですから、そこでお話をしたことは全部聞いてくれています。しかし、高天原は現実界にはない世界、日本人の意識の中にしかない世界です。そこに現実界から声を届けるには〝道〟が必要となるわけです。

では、その道というのは誰がどう作るのか？　といいますと、過去に高い神様霊能力を持った人がアマテラスさんと〝正しく〟交信をしていれば、できています。この方法でしか道はできないと言っていました。

つまり……伊勢神宮や元伊勢は、豊鍬入姫命がアマテラスさんと交信している場所ですから、道があるわけです。伊勢神宮や元伊勢で話すと、アマテラスさんに確実に声が届きます。さらに、声が届いてアマテラスさんが「行ってあげようかな」と思えば来てくれるというわけなのですね。

「えええええーっ！　マジですかーっ！」

私はここで頭を抱えました。というのは、私は取材で元伊勢を巡ったことがあるのです。そうか、あの神社もあの神社も……あそこでアマテラスさんに話しかけて、アマテラスさんに会いたいです！　と言えば、会えていたかもしれなかったんだ、と知りました。

うわぁ、そうかー、元伊勢ってそういう場所だったのかー、それがわからなかった私はまだまだだなー、と自分の力不足を痛感しました。

『神社仏閣　パワースポットで神さまとコンタクトしてきました』という本に、京都府宮津市にある「籠《この》神社」と、京都府福知山市にある「皇大《こうたい》神社」について書きました。どちらも元伊勢と言われている神社です。

現在はどちらも別の神様がいるのですが、その本で「元伊勢はどちらなのかと聞かれれば、私個人の意見ですが、神社の気から言って、福知山市のほうかなと思います」と書きました。

アマテラスさんによると、もしも私が豊鍬入姫命の立場だったら、一番クリアに交信ができるのは、籠神社の奥宮、「真名井神社」だと言われました。

「えっ！　そうなんですか！」

と、驚く私に、籠神社も元伊勢であると教えてくれました。

「でも、気が伊勢神宮とは違っていました」

あの時の私は天照大神は架空の神様ではないか？　と考えていました。一度も会ったことがなかったからです。ですから、元伊勢は「伊勢神宮がかつてあった場所」だと思っていました。天照大神という神様はまったく関係がなくて、伊勢神宮が昔、そこにあったのかどうか、伊勢神宮の気配があるかどうか……という部分で判断していたのです。

アマテラスさんの説明では、籠神社の「気」が全然違うのは、現在そこにいる神様が強いためだそうです。その神様の「気」が濃くあって、昔の伊勢神宮の「気」を消してしまい、まったく残っていないそうです。

「だから、お前が見たこと、感じたことは間違っていない」

と言ってもらえました。

ここで、1回目の開聞岳でのコンタクトは終了しました。アマテラスさんは穏やかな性質で、親切だし思いやりはあるし、太陽神にされているのもわかるという神様でした。誰からも好かれる、そのようなお人柄の女性の神様だったのです。

2回目の開聞岳登山にて

日本列島は龍の形？

1回目の登山は、山頂まで行けませんでした。というのは、ええ、そうです、トイレがやばそうだったので途中で泣く泣く引き返したのです。しかし、アマテラスさんとはたくさんお話ができたので、よしとしました。2回目は前日の夜から水分を控えて準備をし、張り切って登りました。この日もとても良いお天気でありがたかったです。

2回目の登山はこの本の取材ですから、取材目的の詳しい説明と再会のご挨拶をしました。アマテラスさんは高貴なオーラを放ちながら、ス〜ッと出てこられました。やっぱり普通の神様と何か……どこかが違うのです。で、あれ？　眷属を持っていない神様みたいだけど？　と思ったので、そこを聞いてみました。

アマテラスさんは、私が考えているような眷属は持っていない、と言います。

龍とか、天狗とか、キツネや鹿など眷属はいろいろいますが、そのような眷属は高天原には1体もいないそうです。それはなぜかと言うと、現実界で人間をサポートする、3次元世界に働きかけて人間のお世話をしてあげようという、地上の神様とは種類が違うから、らしいです。そのような神様は眷属が必要ですが、アマテラスさんには必要ないとのことでした。

眷属たちは自然霊です。そういう自然霊は地上の自然界（とリンクした神様世界）にいるのだそうです。

高天原にイザナギとイザナミの神様がいる、ということは前回聞きました。神話は完全にフィクションではないし、でもすべてが事実でもない、事実と創作が入り混じっている、ということも前回学びました。

そこで日本列島について質問をしてみました。

「国生みという部分ですが、世界はロディニア大陸とか、パンゲア大陸とか、大きな一つの大陸が分裂してできたことになっていますが？」

「偶然、日本列島がこの形になったのではない」

イザナギとイザナミとして存在している2神が、本当に現在の形に整えたのだと言います。現代の世界地図は、北が上になっています。きっと、もろもろの世界情勢の影響でそうなっているのだと思いますが、本来は赤道のほうが重要であり、赤道を縦にした地図が正しいそうです。

　現在の地図は赤道が真ん中あたりに横のラインとして入っています。そうではなくて、赤道をメインの縦のラインに置き、もちろん日が昇る東が上ですから、その地図で見ると……日本列島は龍の姿になると言います。北方四島がツノで、能登半島が手であり、佐渡島が玉を表していると言うのです。

「ちょっと、すみません」

　と、アマテラスさんに背を向けて、私はスマホで日本列島の地図を確認しました。

　言われてみれば、たしかに龍っぽい形です。実は、龍が玉を見せてくれる時は、泳ぐような横に長いポーズではなくて、このように立ったような、尻尾を下にしている姿勢なのです。広島県の大頭《おおがしら》神社でも、上高地の穂高神社奥宮でもそうでした。あの姿の龍を表現していると言われれば、たしかに似ています。

　しかし、う〜〜〜〜〜〜〜〜〜ん？　と長くうなってしまう形でもあります。島を作るのですから、簡単に細部まで形が作れないのでしょうが、え〜っと、その、なんと言いますか、おヘタですよね……と、ここまで考えて、「あらっ？」となりました。もしかしたら高千穂の黒龍さんと一緒で、イザナギとイザナミの神様は工作？　工芸？　が、おへタなのかな、と思いました。

　性格が大らかなのかもしれません。ま、こんなもんでいっか？　というところで、細部を整えずに完成としたことも考えられます。龍の姿を表していればいいのですから、チマチマと細かいところまでこだわらなくてもいいわけです。

　日本は神様や眷属、高級自然霊に古くから守られている国なのだな、と思いました。アマテラスさんが言うには、島国であることも、非常に重要な意味があるそうです（その理由はまだ教えてもらえませんでした）。

　ここで話題を変えて、ニニギさんについて聞いてみました。

「ニニギさんはどのような人だったのでしょうか？」

　神がかったような、霊能力があった人ではないそうです。そこはハッキリ言っていました。ずば抜けて頭がよかったというのが、ニニギさんの特徴です。正義感も特別に強く、道徳的に優れた人物だったそうです。そのニニギさんに育てられた息子も孫も、そういう人だったとのことです。

「イワハレビコさんにご神託を与えたのは、アマテラスさんですよね？」

「そうだ」

「じゃあ、イワハレビコさんが側近にしていたシャーマンは、正しくアマテラスさんを見ていた、コンタクトを取っていた、ということですね」

「うむ」

ああ、そうか、そりゃそうだよね、と思いました。大昔の時代に、宮崎から奈良まで行って、さらにそこでいきなり政権作りを始めるのです。神様がついていなければ、できないことのように思います。神様がついているということは、その言葉を正しく伝える人が必要なので、霊能力が高い人を「神様が」選んでそばに置いていた、ということなのでしょう。

霊山であっても滑れば転ぶ

そのような話をしつつ登山道を進んでいたのですが、足首をカクンとくじくような感じで、いきなり転びました。私は関節が柔らかいので、幸い怪我もなく、何もマイナスなことはなかったのですが、普通の人だったら捻挫していたのでは？　と思いました。

で、また少しして、今度は足がズザーッと思いっきり滑って、尻もちをつきました。よく滑る地面だな、と思いましたが、気にせずに歩きます。

最後の3回目は、よくわからないままに転びました。前向きに、です。胸ポケットに入れていたスマホが落ち、アイテテテとなったのですが、はて？　なんで転んだん？　と理由がわかりません。

「神様、3回も転ぶのって、縁起が悪いです〜」

アマテラスさんは不思議そうな顔をしています。そしてこう言いました。

「滑る道で転ぶのは当たり前ではないか？」

「え！　いやいや。1回だけなら滑ったからだと思えますが、3回ともなると、何か失礼をして叱られたのだろうか？　お前、もう来るなよ、と言われたのだろうか？　というふうに考えるんですよ、人間って。不吉ですから〜」

アマテラスさんはその考えが面白いと言って、楽しそうにくすくすと笑ってこう言いました。

「なぜ転ぶことが、不吉なのだ？」

「え？　ええっと……普通に歩いていたら、転ぶことはないじゃないですか？　転ぶ、という出来事そのものがよくないと思います。不吉な感じです。転んだら痛いし〜、怪我することもありますし」

「滑る道で転ぶのは当たり前だ。動物でも滑って転んでいる」

あ、そうか。たしかにそうだな、と思いました。いくら神様がいる山でも、足元が滑れば転ぶわけです。それは動物も同じです。何かあるたびにいちいち神様がこうしたのかも、眷属がこのようにしたのかも、と神仏のせいにするべきではないな、と思いました。

私は開聞岳で、アマテラスさんと会話をしている最中に派手にすっ転びましたが、アマテラスさんは何もしていません。小さな砂利のような小石がたくさんある道なので、体重を足にかけると、その下の砂利がズリーッと滑るのです。物理の問題であり、それを神仏が私にこのようなことをした！　と結びつけて、落ち込んだり悩んだりするのは「ちょっと、ちょっと、ダメですよ、それは」ということになると思います。

あ、そうだ、それに加えてですね、アマテラスさんは私が転ぶことを避けてくれませんでした。止めてくれなかったといいますか、転ばないようにしてくれなかったのです。ということは、滑る道で転ぶのは当たり前、ちょっとくらい転んだところでそれは不幸でもなんでもない、ということです。

国にも魂があった！

さて、このアマテラスさんですが、普通の神様とはどこか違う、ということを先ほど書きました。不思議な神様で、いろいろと会話を重ねていくと、少しずつアマテラスさんのバックというか、状況というか、アマテラスさん自身のことを見せてくれます。

最終的に開聞岳でのコンタクトを終える前に見せてくれたのが、アマテラスさんがいる場所です。高天原ですが、アマテラスさんの後ろに、ものすごく荘厳な！　恐怖を覚えるくらい強い存在があるのです。一柱《ひとはしら》とかいう、そんな小さな存在ではありません。

アマテラスさんが人間サイズの存在だとすると、それは〝山〟というくらいのサイズの違いがあります。しかも、まばゆいほどに輝いているのです。超巨大だし、神々しいオーラが半端なくて、超崇高なのです。

「アマテラスさん？　アマテラスさんの後ろに見えているものはなんでしょう？」

「魂だ」

「魂って……怖いくらい高波動なんですけど、誰の魂ですか？」

「日本」

えぇぇぇぇーっ！　そんなものがあるんですかっ‼　と思われた方、私もその場で同じ

反応をしました。あるそうです、日本という国の魂が。そして、高天原の神々は、この魂を守っているそうです。

ひょえ〜〜〜〜〜！　と叫ばれた方がいらっしゃると思いますが。同じです。私もその場で叫びました。

高千穂峰でニニギの神様と会話をした時も思いましたが、アマテラスさんとの会話も驚きの連続でした。特に、日本の魂のお話は信じられない、という気持ちも大きかったです。どうやら、この魂が壊れてしまうと国が消滅するようです。

アマテラスさんは一つの神社に収まる神様ではなかったのです。種類がもとから違うという意味もわかりました。誰かが道を繋げていなければ簡単に交信できない神様だというのも、ここでしっかり納得しました。

ここまで聞いて、私は途方に暮れて考え込みました。というのは、古事記の瓊瓊杵尊は天照大神の孫、ということになっています。しかし、ニニギさんは実在した人間です。天孫降臨はしていませんし、そもそもアマテラスさんの孫ではありません。

まぁ、そこはそのまま書いても理解してもらえそうですが、アマテラスさんが古事記の天照大神と違うので、これはどう書いたらいいのだろう……と思ったのです。うまくまとめられるのかな、と。

この時は頭の中が整理されていなくて……いや、これを書いている今も整理されているとは言い難いのですが、とにかくあれもこれも聞いてごちゃごちゃしていたし、難しくてうまくまとめられないだろうと思ったのです。

日本で一番有名である天照大神について、通説とは違う内容を書くわけです。理解してもらえない可能性がありますし、批判されるよなぁ、ということも思いました。

「ああ、もうダメだ〜。難しくて複雑だから、きっとうまく書けない〜」

涙目になってそう言うと、

「お前は質問の仕方がまずい。神には言えないこともある」

と言われました。

「ええ、ええ、知っていますー。だから答えてもらえないところは、スルーしてるじゃないですかー」

半べそで訴えると、そこを聞くためには質問を変えるとか、聞く方向を変えなくてはダメだ、と言われました。

「うまく核心をつく質問をしないから、完璧に理解ができないのだ」

ううう。自分でもそう思います……。ということで、少し質問の仕方などをレクチャーしてもらいました。

神様に育てられた日本人

「最後にアマテラスさんから、この国の人間に言いたいことはありますか？」

「誇りを持て」

「誇り……ですか？」

「私はこの国の民を、この国を作った時から育ててきた。そのような自分たちの祖先、国民性、神に大事に育てられてきた民族であることを、もっと誇りに思いなさい」

「なるほど……」

有名な『魏志　倭人伝』には、日本人について【不盗竊少諍訟】という記述があり、日本人は「窃盗をしない、訴えごとも少ない」と書かれています。約1700年前に、それも外国の書物に、です。

『隋書　俀国伝』にも、同じように【人頗恬靜罕爭訟少盜賊】という記述があって、日本人のことを「人はとても落ち着いて物静かであり、訴えごともまれで、盗賊も少ない」と書いているのです。

どちらも中国の人から見た、日本人の印象です。大昔から日本人は盗みをしない、という民族なのです。わざわざ歴史書に書くくらいですから、外国の人からすると、盗まないことにかなり驚いているわけです。

幕末に来日した外国人たちも、日本人が鍵をかけない、盗まない、ことに驚いて、多くの記述を残しています。震災があっても略奪をしない、給水車にもちゃんと並ぶ、ということで世界中の人々が驚いたことは、皆さんの記憶にも新しいのではないでしょうか。

このように日本人は道徳的に優れている民族だと思います。それは古くからいる神々が、大切に育ててくれていたからなのです。

アマテラスさんは続けてこう言いました。

「この国の民族の未来は明るい。もっと希望と誇りを持って、気高く、強く生きなさい」

日本人は〝神が手塩にかけて育てた民〟だそうです。いい言葉ですね。

アマテラスさんは個人的なことにもアドバイスを下さって、会話をすると、意外と親密な関係を作ってくれます。ご自身の神格が高いからと、人間と距離を取ったりしません。日本という島の神様ですから、国民全員の神様です。悩みを聞いてもらったり、甘えたりしてもいいのです。

豊鍬入姫命があちこちに祀ってみて、アンテナが４本立つところを必死で探したのがよくわかりました。深く繋がりたい、繋がっていたい神様なのです。

悩みを聞いてもらってアドバイスをもらうのはオーケーですが、個人的な願掛けをする神様ではありません。この国を守って下さい、国民みんなが幸せでありますように、というそのようなお願いをする神様です。普段は高天原で日本という国の魂を守っておられます。

個人的なケアもしてくれる優しいアマテラスさん

最後に、アマテラスさんのありがたいひとことについてお伝えしておきます。

この日は水分を控えまくっていたため、山頂まで余裕で行けそうだな、と思っていました。開聞岳には7・1合目という非常に中途半端なところがあるのですが、そこからの景色が素晴らしいです。晴れていたら、種子島《たねが》や屋久島が目の前に見えるところです。そこで登山道を離れ、崖に近い岩の端っこに座りました。長々と話をしつつ海を見ていたら、アマテラスさんが言います。

「フェリーに乗るのではないか？」

「下山して、ですか？　はい、乗ります」

「時間は大丈夫か？」

「え？　時間？」

下山をして、山川《やまがわ》港から根占《ねじめ》港へ行く予定でした。フェリーがあることは調べていましたが、時間までは見ていません。しかし、2日前に乗った桜島フェリーが、1時間に3本ほどあって、夜遅くまで運行しているのです。そこまでの本数がないとしても、18時とか19時とかまでは運行しているのだろうと思っていたのですが、その場で調べてみました。

すると！　16時発が最終だったのです。

下山して登山道を抜けたら道路を歩いて車のところまで行き、そこから山川港まで運転しなければなりません。しかも、フェリーで大隅半島に渡る前に一ヶ所、神社を参拝をしようと思っているのです。

うわぁ！　山頂まで行って、山頂から下山していたら間に合わない！　あ、でも、もうちょっとくらいなら登っても大丈夫そう、とは思ったのですが、わざわざ「時間は大丈夫か」と神様が言うくらいですから、今、下山すべきだろう、ということで、またしても7・1合目で下山をしました。

急いで下山をして、別の神社の参拝をし終えたら、15時10分でした。そこから山川港へ行き、到着したのは15時31分です。30分も早く着いたわ～、やっぱ、もうちょっと登ってもよかったかな、と思ったら、車を誘導する人が「大丈夫、大丈夫、乗れるよ」とか言うのです。

？？？　と思いつつ、乗車券を買いに行くと……係りの人が、かかってきた電話の応対をしていて、車がすでに定数なので今日は無理です、とフェリー乗船のお断りをしていました！

ひゃ〜！　危なかったです。ここでフェリーに乗れなかったら、ぐるーっと大回りをしてホテルに行かなければいけなかったため、余分に3時間ほどかかっていました。アマテラスさんのひとことで助かったのです。

優しくて頼れる神様のアマテラスさんは、大好きなお姉さんという感じです。豊鍬入姫命はいつも繋がっていられたのかなと思うと、ちょっぴり羨ましく思いました。

第5章

高波動専門霊能力アップ講座

本に講座を書く理由

きっかけとなったブログ記事

高波動とは具体的に誰を、何を指しているのかと言いますと、まず神様、仏様、その眷属です。眷属になっていない龍などの高級自然霊、精霊、妖精、パワースポットなど、人間によい影響を与える存在、よいパワー自体もそうです。

高波動の存在と繋がることができれば、見える世界、考え方などが大きく変わり、それにより徐々に自分の霊格が高くなっていきますから、それまでの自分を脱ぎ捨てて、新しい自分になることができます。低級霊に苦しめられなくなり、たとえつらいことがあっても必ず切り抜けられますし、心が豊かに、安定した状態になります。日々の生活もよい影響を受けて余裕ができてきます。

高波動の存在と繋がれるようにするには、感性のアンテナをそちらのほうに向けることが最初にやるべきことです。これはあちこちに書いているので、皆さん、すでにされているのではないかと思います。

やり方は簡単です。自分のアンテナを幽霊や低い波動のものに合わせない、低級なものに向けない、という意思を強く持てばいいのです。実は私たちが気づいていないだけで、人間の意思には驚くべきパワーがあります。ですから、しっかりとした意思として持っていればアンテナは低いほうへと向きません。

放っておくとこのアンテナは、神仏のほうに向いたり、心霊のほうに向いたりします。心霊のほうを向くと幽霊を見たり、人によっては幽霊や悪霊を引き寄せたりします。幽霊のほうからもアプローチをしてきます。

霊感は神仏にのみ向ける、その方向から動かさないことが重要なのです。

そして次にやることが、「その方向」で霊能力を高めることです。

ブログに「龍のトレーニング」という記事を何回か書きました。龍に見える雲や不思議な形をした雲、光っている雲などは本当に龍の影響を受けていることが多いです。龍の影響を受けた木というのも独特の形になっていて、そのような写真を何点かブログでご紹介しました。

読者の方はその写真をどう活用すればいいのかと言いますと、「龍の影響を受けた雲や木は、こういう感じなのだな～」という感覚をつかむ、なんとなくこういう形と覚えておく、というふうに軽く意識の中に持っておきます。

そうすれば、そのような雲や木を見た時に、龍の影響を受けていることがわかり、近くに龍がいることもわかります。近くにいるのですから、その時に「龍を見る」練習ができます。いるのかどうかわからない空を見て探す……というよりも、はるかに高い確率で龍を見つけることができるのです。なぜなら、確実にそこにいるからです。

そういう意味で「トレーニング」というタイトルをつけて記事を書いてみました。

このシリーズにはものすごい反響があって、メッセージとお手紙がたくさん届きました。多くの読者さんがトレーニングを楽しいと喜んで下さり、もっと能力を高めたい、龍を見たい、神様とお話をしてみたい、と能力アップを希望されていました。

霊能力は自分だけで開発しようとするとけっこう時間がかかります。私はある程度までわかるようになってから、熊野三山（私個人の三山は、熊野本宮大社、玉置《たまき》神社、飛瀧《ひろう》神社です）の神様方に指導をしてもらいました。三柱《みはしら》の神様は丁寧に、詳しく、わかりやすく、正しく教えてくれたので、たった数年で驚くほどクリアにわかるようになりました。

神仏に指導してもらうことが一番早く、また、正しい力がつきます。しかし、神仏に習うには、直接教えてもらえるまでのレベルに、なんとか自分で到達しなければなりません。そこまでいくのに苦労しているという方もおられると思います。そこで僭越ながら、私でよければお手伝いをさせていただこう……と思って、この章を書いています。

本でお伝えするわけ

本音を言えば、霊能力をアップさせるお手伝いはマンツーマンでなければ難しいです。依頼者さんと私の２人だけで一緒に神社やお寺、霊山、パワースポットに行き、しっかり一からすべてのことを伝えなければなりません。最短でも５日はかかりそうです。

さらに、依頼者の方と一緒に行く神社やお寺、霊山に、あらかじめ私が行っておいて、神仏や眷属との打ち合わせも必要となりますから、私のほうはもっと時間がかかります。

このように徹底したマンツーマン方式で伝えることができれば、たぶん、誰でも神仏がわかるようになると思います。

ただ、私はそのような活動をしておりませんので、次に皆様にお伝えしやすい方法はといいますと、対面になります。セミナーやトークショー、講演会、イベントなどです。マンツーマンよりも相手の方の人数が多くなりますが、それでも本よりは理解が深まるのではないかと思います。

でもこちらも、現在そのような活動を一切しておりません。といいますのは、セミナーなど（トークショー、講演会、イベントを含みます）は、本を書くよりもたくさんのお金がもらえるからです。それはつまり、読者の方は本を1冊買うよりももっと多くのお金を払う、ということになります。

セミナーをするとしたら、開催する会場を押さえたり、受付などのスタッフもある程度必要ですから、その関係の会社に依頼をしなければなりません。私一人ではできませんから、費用が大きくかかります。大きくかかる費用はチケットの代金に反映するので、けっこうな金額になると思います。遠いところから来られる方は交通費もかかります。そのようにして参加をしても、受け取れる情報は、私としては濃くお伝えはしますが、本1冊分よりも少ないのです。

私にとってはセミナーなどをするほうが本を書くよりはるかに楽です。2時間くらいしゃべるだけでたくさんのお金がもらえて、それを全国でやるわけですから、正直言って……こちらの方向で活動をすれば、かなりお金持ちになれると思います。

本を書くというのは、実は意外と地味で大変な作業です。コツコツと取材に行って、それをまとめ、あれこれ構成を考えて、文章にします。執筆をするのは非常に時間がかかります。書いては消し書いては消しの繰り返しです。毎日一生懸命に書いているのにたまに締め切りに間に合わないこともあります。ストレスも半端なくて、締め切り前は倒れそうになって書いています。

書き終えたらそれでおしまいではなく、次に校正があります。初校、再校、念校と3回も校正をやると、しばらく文字を見たくない、というくらい文章疲れをします。今はブログもほぼ毎日書いているので、時々煮詰まって、心身ともにすり減ってしまうこともあり、回復できないのでは？　というくらい疲弊したりします。

けれど、そこまで頑張って必死で本を書いているから、神仏も応援してくれるわけです。出版社さんから執筆の依頼がまだもらえている現在、楽なほうへ流れてお金を稼ぐのは……あ、でも、楽にお金を稼ぐこと自体は悪いことではありません。しかし、私に限っていえば、お伝えする内容が神仏のことだけに許してもらえないように思います。

読者の方から、セミナーやトークショーをやってほしい、識子さんに会いたい、という嬉しいリクエストを時々いただくので、ちょっとそのへんのことについて書いてみました。ご理解いただけるとありがたいです。

というわけで！　皆様！　今から〝本〟で高波動専門霊能力のレベルアップ講座〝初級編〟をやってみます。

「わかる」を身につける

日常の「わかる」感覚

霊能力は誰にでもあります。しかし、その能力が高い人と低い人がいます。自分に霊能力があることに気づいていない人もいます。その違いは一体なんなのでしょうか？

神仏が見える人と見えない人、神仏の声が聞こえる人と聞こえない人、人によってどうしてそのような違いがあるのでしょうか？

霊能力がある人は特別で、選ばれた人なのでしょうか？

実は、霊能力の基本は〝わかる〟ということです。

これが一番大切です。「わかる」力がある人、「わかる」能力を高めている人は霊能力がどんどん伸びていきます。逆に、「わかる」力がない人は神仏の存在を信じることができません。神仏がいるということが感覚でわからないからです。「わかる」力を高めようとしない人は、霊能力も発達しにくいのです。

「わかる」力を磨いている人は、霊能力がまだ発達していない状態で、たとえ神仏が見えていなくても、声が聞こえていなくても、神仏がいることが感覚で「わかる」ため、信仰心が厚いというわけです。

そもそも、この「わかる」とは一体何なのかと言いますと……。

ひとことで言えば、「直感」に近いです。自分の直感が大事ですよ〜、とこれはもう、しつこいほど繰り返し書き続けてきましたが、その直感が「わかる」という感覚とよく似ています。でも同じではありません。直感は魂からの警告だったり、魂の喜びだったり、そのような魂からの働きかけが多くありますから、「わかる」とはちょっと違うのです。

直感と区別がつきにくい「わかる」の例をあげてみます。

通勤でいつも通る道を歩いていて、ふと、今日はこの道を歩きたくない、と思います。なんだか暗い感じがするし、理由はわからないけどイヤな感じがするからやめておこう、と別の道を歩いて会社に行きます。

お昼になって、今日のランチはいつも行くお店はイヤだな、と突然思います。さきほどまではいつもの定食を食べようと思っていたのに、急に嫌悪感を覚えて違うお店に行きます。

このように避けたおかげで、朝は交通事故に遭わずにすみ、お昼は食中毒にならずにすんでいます。通勤路に「魔」の落とし穴が開いていたことや、定食の中に菌が入っていたことが「わかる」から避けたのか、魂が、または守護霊が危険を察して「直感」として警告をしたのか、はたまたご縁を下さっている神仏が守ってくれたのか……難しいところですが、「わかる」以外のことは直感です。

簡単な例で「わかる」という感覚を説明してみます。

はじめて訪れた町で、1人で、食事もできるカフェに入りました。先にお金を支払って注文をし、そのまま横に移動をして、コーヒーだのサンドイッチだのがカウンターから出てくるのを待ちます。

ふと見ると、カウンターの横のところに、ウォーターポットが2つと紙コップが30個くらい重ねて置いてあります。これを見た時に、「ああ、水は自分でつぐのだな」と「わかる」と思います。お店の人に聞く人は少ないのではないでしょうか。

「え？　そんなの、誰だって見たらわかりますよ～」と思われた方、そこなのです。私が今、言っているのは「特別に何かがわかる」ということではなくて、「わかる」感覚です。水を自分でつぐのだなと「わかる」のは、一瞬です。どこからかその「わかる」感覚がしゅっと来て、「ああ」となるわけです。

ウォーターポットがどうして置いてあるのだろうか？　なぜ紙コップが重ねてあるのか？　もしかしたらセルフでついで下さいってことかな？　カウンターの中の人がわざわざ水をつぎに外に出ないだろうから、やっぱり自分でつぐってことだよね？　と、あれこれ考えたりするのは「わかる」感覚ではありません。

「セルフなのね」と一瞬でわかる、パッとわかる、その感覚です。文字にすると「セルフなのね」ですが、実際は言葉がなく、「あ！」という「わかった」一瞬があるだけ、です。

ドリンクバーでコップにウーロン茶をついで、そこにストローが何十本もあれば、「これを使うのね」と「わかる」と思います。うじゃうじゃ考えなくても、一瞬でパッとわかります。私が言っているのは、この感覚のことなのです。

この「わかる」という感覚、「わかる」自分というのがとても大切なのです。

スピリチュアルな「わかる」感覚

今度はその「わかる」をスピリチュアルな世界で説明します。しつこく言いますが、「わかる」のは感覚です。頭で考えるのではありません。スピリチュアルのサンプルは私のものを使います。まずは、滝行のお話です。

私は京都の「空也の滝」で滝行をしたことがあります（『京都でひっそりスピリチュアル』という本に詳しく書いています）。指導者はなく、たった1人で初めてやってみました。やりながら、大きな声を出さなければいけないということを学びました。

それはなぜかと言いますと、高い位置から落ちてくる大量の水は痛いのです。体に思いっきりバチンッ！　と当たると、その衝撃が激しくて、その時に意識の一部というか、霊体の一部というか、気の中心というか、そういうものが前に飛び出しそうになるのです。体の前面から本当にポロッと出そうになります。

これは、そういうものが出ることが「わかる」のです。全部が感覚です。水がダバダバダバーッと高いところから大量に落ちてきて当たるので、衝撃がすごいのですが、これも感覚で感知しています。文章にしたら、衝撃がすごいな〜と、そのように頭で考えているように思うかもしれませんが、この時は何も考えていなくて、衝撃は体が感じています。

で、ポロッと出そうというのも、頭では何も考えてなくて、感覚で出そう、と感じています。出るものは何かということも、頭では何も考えていません。こういうもの、と感覚でしかつかんでいないのです。だから説明をするのが難しくて、このようなものと3つも書いているわけです。

文章にして説明をしていますが、現実の本人は、うっかりしていると大事なものが体前面から出ると「わかる」それだけです。全部感覚ですから、感じているだけなのです。つまり、説明の言葉はすべてあとからつけているわけで、その瞬間というのは、感じている感覚のみ、なのです。

比叡山で西塔《さいとう》から横川まで歩いたことがあります。山道はアップダウンがなく、比較的歩きやすかったです。この山道で不思議な現象を体験しました。

部分的にですが、地面の下にあたたかいエネルギーが流れているところがあるのです。これも何も考えていない時に、パッと「わかり」ました。地面の下にエネルギーが流れている、と。もちろん、頭の中で文字にしてわかったのではなくて、感覚であたたかいエネルギーが地面の下にある、というその事実を知るわけです。

わかった時に、そのあたたかさを感じます。靴を履いていますから、地面下の温度を感じるはずがないのですが、「わかる」と確実に感じられるのです。その世界と自分がしっかり繋がるからです。時たま、かげろうのようにあたたかいエネルギーが大地から上がってくるのも見えました。

比叡山がもともとあたたかいエネルギーを持った山だったのか、多くの僧が修行したからこうなったのか、理由はわかりませんでした。けれど、地面の下があたたかいおかげで、1人で歩いていても全然寂しくありませんでした。それどころか、妙に楽しかったです。

このように「わかる」と、肌で感じられるようになりますし、見えたりもするわけです。「ああ、なるほど」と事実を感覚で「知った」時に、そこに付随するものがすべて「わかる」というわけです。

この比叡山の山道の同じ場所を歩いても、わからない人はあたたかいエネルギーがわからないかもしれません。それは「わかる」という感覚がとても薄かったり、すごく小さかったりして、認識できていないせいなのです。能力の違いではありません。気づいていないか、その感覚があることを知らないからか、やり方がわかっていないだけです。

では、どのようにしてこの感覚を養えばよいのでしょうか？

さきほど書きましたように、高波動である場所、神社、お寺、霊山、パワースポットなどで「わかる」感覚の練習を積むといいです。そしてその体験をたくさんためて、感覚を覚えていき、自分のものにします。

神社での「わかる」感覚と練習になる歓迎のサイン

初級編ですから、まずは歓迎のサインが「わかる」ところからです。私の本を読んだことがあるという方や、ブログを読んでおられる方は、この部分はすでにご存知かもしれませんが、私の本を読むのが初めてという方のために、ちょっと説明をいたします。

神様は、神様が参拝に来てほしいと思う人が来たらとても喜ばれます。心が美しい人（完璧な人のことを言っているのではなく、人に優しくしようとか、正しく生きようとか、それがもしもまだできていなかったとしても、そうなろうと努力している人は心が美しいです）、神様大好き♪　というピュアな人、神様を本当に大切に思う信仰心が厚い人、純粋な人、困難なことがあってもふて腐れず一生懸命に前向きに生きている人など、ここに全部書けませんが、このような人は神様から好かれています。前世でその神様を深く信仰していたという人が時を超えて来た時も、ものすごーく喜ばれます。

神仏はこのような人が大好きであり、そういう人に信仰してもらうことが本当に嬉しいのです。ですから、大歓迎してくれます。

神様は「よう来てくれたなぁ」と喜んで微笑まれているのですが、それが本人に伝わらないことのほうが多いので、そこで〝さりげなく〟歓迎していることがわかるようにしてくれます。それを私は「歓迎のサイン」と呼んでいます。

こちらも全部は書けないので、代表的なものをあげますと、「祈祷が始まる」というのが一番わかりやすいです。その祈祷の恩恵を、祈祷をお願いした人と一緒に浴びさせてくれるわけです。神職さんが奏上する祝詞を聞かせてくれて、巫女さんの舞いなども見せてくれます（祝詞は全部聞かなくても、ある程度聞けば恩恵や高波動をもらえています）。和太鼓の音でよくないものを落としてくれたりもします。

「結婚式に遭遇する」のもそうです。こちらは本当にラッキーで、〝幸せのおすそ分け〟をもらっています。

私は日本全国の神社を数多く参拝していますが、結婚式のおすそ分けにあずかれるのは、そんなに多くありません。1年に2～3回でしょうか。いや、3回もあるかなぁ？　という頻度です。土日に参拝すれば遭遇できると思われるかもしれませんが、単純に確率の問題ではないので、結婚式は大喜びしていい歓迎のサインです。幸せのおすそ分けですから、縁起もいいです。

風も意外でしょうが、歓迎されているサインのひとつです。とても歓迎されている場合、眷属が大喜びしていることがあります。眷属は喜んだ時に境内の空間をダダダーッと走り回るので、その時は強風がビューッと吹きます。

頬を優しくそっと撫でるそよ風というのが多いのですが、そよ風程度では気づかない人に、びゅうぅぅ！　と風を吹かせて、「あれ？　今、強い風が吹いたな〜」と気づかせることもあります。逆に、ビュービュー吹いていた風が手を合わせている時にピタリとやむこともあります。

私が「歓迎のサインである」と熊野本宮大社の神様に、最初に教えてもらったのは、蝶々でした。やたら蝶々が現れて、時には寄って来たりしていたのです。人なつっこい蝶々なのかな？　と思っていたら、神様が「歓迎」という話をしてくれました。え！　神様が歓迎するとか、そんなことがあるんだ！　とその時は心の底から驚きました。

神様は、歓迎されている本人が楽しく参拝できるように、蝶々を飛ばしてみたり（蝶々は霊的な虫なので歓迎度が他のものよりも高いです）、鳩を意味ありげに歩かせてみたり、トカゲにお出迎えをさせたりします（トカゲは恥ずかしがり屋なのでちょっとでもじっとしてくれていたら、かなり頑張っているということです)。

虫や動物の種類はいろいろですから、てんとう虫だったり、バッタだったり、野生のねずみ、鹿やヘビなどもあります。そのあたりにいる生き物を使って教えてくれるからです。どの虫、どの動物と決まっているのではありません。

虹を見せてくれたり、曇りの日にいきなり日差しがピンポイントで当たったりなど、お天気で気づかせることもあります。他にも、神社の人に特別に何かを見せてもらったとか、普段は入れない本殿に入れてもらえたとか、神職さんがにこやかに声をかけてくれた、というように、人を介して歓迎を表現することもあります。

ちなみに逆はありません。意地悪な人を使って参拝拒否をしたり、叱ったりすることは絶対にないのです。というのは、神様はそのような波動が低い人間を使うことができないからです。ですので、もしも神社関係者からイヤな思いをさせられたら、その人がそういう人である、という、ただそれだけです。そこに神様は関係ないのでご安心下さい。

おみくじで引いた「大吉」が歓迎のサインということもあります。

「気づく」と「わかる」は違う

この歓迎のサインがあった時に、「わかる」という感覚を自覚すること、積み重ねることが霊能力アップの練習になります。

「あ！　蝶々だ」と見た瞬間に、頭では何も考えていないのに、感情が「嬉しい！」となった人は、瞬時に「わかっている」ということです。蝶々を見て、「そういえば、歓迎のサインって言ってたな〜」と考えて、「ああ、嬉しい」となった人は感覚でわかったのではなく、知識からの理解となります。

風が頬を優しくさわさわ〜っと撫でていった、その瞬間に、ふわっと気持ちが喜びの感情になった、神様ありがとうという気持ちになったという人は「わかった」人です。「風が頬を撫でたような気がする」とか、「こういうのも歓迎のサインかも？」とか頭で一切考えずに、感情が先に動いたら、それが「わかった」ということなのです。

「気づく」のとは違う、「わかる」というこの感覚をどんどん重ねていくことが訓練になります。

歓迎のサインは目で見られるもの、耳で聞こえるもの、肌で感じられるものですから練習しやすいと言えます。パッと見つけると同時に、心がハッピーになれば「わかって」います。その感覚を覚えていって下さい。

「わかる」がレベルアップすると、感覚でいろんなことがますますわかってきます。たとえば、境内の「気」がすがすがしい神社だとか、まろやかな「気」が流れている神社だとか、そのような雰囲気がわかってきます。厳しい「気」などもわかるようになります。

さらにレベルが上がると、神様が「優しい感じ」なのか、「クールな感じ」なのか、そのへんの神様のことが大まかにわかってきます。面白い神様やよく笑う神様など、性質もいろいろですから、そこがわかるというのはかなりレベルが上がってきたということです。

「わかる」体験を重ねれば重ねるほど感覚が磨かれて、どんどん感度がアップします。たくさん経験をするうちに、どこに意識を置けばいいのか、ということも自然とわかってきます。感覚でしか習得できないことですから、あちこちの神社に行って、歓迎されていることや、その神社の雰囲気、神様のことなどを感じる練習をするといいです。

お寺で「わかる」感覚

お寺は神社とは意識を置く場所が違います。ですので、お寺で練習をすればするほど、なるほど仏教はここに意識を置いて感じるのか、ということがわかってきます。こちらも文章で表すのが非常に難しく、自分で何度もやってつかむしか方法はないのかもしれません。

お寺には仏像があります。神社の神様と違うところは、この仏像が実際にそこにいる仏様ではない、ということです。神社の神様はその神社にいます。１柱の神様という存在が、本殿に「いる」のです。ここが神様と仏様の大きな違いです。

仏様の場合は、仏像がその仏様と道が繋がっているかどうか、が重要になってきます。繋がっていれば仏様であり、繋がっていなければただの木の像です。

たとえば、空海さんの像「弘法大師像」は日本中に数え切れないくらいあると思います。何万という数の空海さん仏像があるのではないでしょうか。

空海さんがその何万もの仏像に別々に入って、その仏像があるところに本人が「いる」とすれば、空海さんは何万人もいるということになります。そうではありません。あちらの世界にいる空海さんは１人です。

そこにある仏像が空海さんという仏様本体と道が繋がっているかどうか、なのです。繋がっていれば、空海さんはその仏像から姿を出すことができますし、会話もできます。ご縁も下さいます。その仏像を通じて、ご本人と接することができるのです。

仏様と道が繋がるためには、その仏像は「開眼」をされていなければなりません。開眼はお坊さんがするのですが、開眼された仏像が、全部が全部、その仏様本体と繋がっているというわけではなく、中には繋がっていない仏像もあります。

繋がっていない理由はいくつかありますが、仏様のほうから閉じるというパターンもあるのです。繋がっていない仏像も存在するので、そこがわかるようになるとかなり「わかる」能力が上がっているということになります。

いきなりそこを「わかる」ことは難しいと思うので、まずは雰囲気から「わかる」ように練習をします。最初は見ている目の前の仏像がどのような性質なのか、そこが「わかる」ように頑張ります。厳しいとか、優しいとか、そういう雰囲気ですね。

言い忘れていましたが、仏像はそばに行かなければわかりにくいです。遠くから見ただけではコンタクトも困難なので、私も必ずおそばに行きます。

たとえば、不動明王像があったらそばに行って、お顔をじーっと眺め、どのようなお不動さんなのかを感じます。感じるのですが、この時に「感じよう」とか、「わかろう」とか考えたりはしません。心を空っぽにして、ただ見つめるだけです。「怖い」感じなのか、「優しい」感じなのか、「朗らか」な感じなのか……そこを「考える」のではなく、「想像する」

のでもなく、「わかる」感覚で気づくようにします。

あまり長くやるのも、これはこれで弊害があります。「考えて」しまったり、「想像」してしまったりするからです。「きっとこうだな」というふうに「自分が作る」ということもあります。

お寺には仏像がいくつも安置されていますから、お不動さんがわからなければ、薬師如来さんとか、観音さんとか、他の仏像で同じことをやってみるといいです。どの仏像もわからないとなれば、その仏像が発しているオーラにアンテナを向ける、その仏像から出ている波動に焦点を当てる、癒やされ度を味わってみるなど、別のものにアンテナの向きを変えて「わかる」かどうか、感じてみるといいです。

どれもまだわからない、となっても大丈夫です。その日の練習はしっかりできていますから、経験値が一つ上がっています。経験値を上げていけば徐々にコツもつかめてきます。必ずそのうちわかるようになります。何回かやったからといって、すぐに能力が開発されて、すべてがわかるようになるわけではありませんから、ゆっくり確実にやっていったほうがいいです。

今日もわからなかった、自分はダメなのだ、霊能力がないんだ、とネガティブになることが霊能力アップの一番の妨げになります。心がダメージを受けるからです。せっかく少しずつ経験値も能力も伸びていたのに、それがゼロになるくらい「自己否定」は強いので、お気をつけ下さい。

霊山やパワースポットで「わかる」感覚

霊山やパワースポットは、こちらもまた神社やお寺とは意識を置く場所が違います。霊山で神様を探してコンタクトが取れるようになるには、まず山がわからなければなりません。これも自分で「山」を神仏界の存在のように意識して、あちこちの山を登っていると、自然とその違いがわかるようになります。

まずは「山」全体を感じる練習です。どのような感じの山なのか、どっちの方向から良い「気」が流れているのか、大地はどうなのかとか、そこを感じてみます。これも神仏が相手ではないにしろ、少しやってわからなければもうわかりませんから、そこでやめます。

滝があればその滝の雰囲気を、小川があれば小川の波動を、祠があれば祠を、というふうにいろいろなものでチャレンジするといいです。

山のよいところは（ちなみに山だけですが）、登り始めてチャレンジをしてみたがわからなかった……となっても、しばらくして、また挑戦が可能だということです。たとえば2合目でわからなかったとなれば、また6合目あたりでやってみることができます。あまり近いと意味がありませんが、離れた場所になるとチャレンジが可能になるのです。

レベルが上がってくると、山のエネルギーや、大地の強さ、パワーなどもわかってきます。そうやって少しずつ幅を広げていくといいです。だんだんレベルが上がってきたら、次はその山にいる高級自然霊などがわかります。龍や天狗などは山に多くいますし、自然霊ですから山の延長でわかりやすいのではないかと思います。

龍は217ページに書いていますように、龍パワーの影響を受けた雲や木で存在が確認できますから、さらにわかりやすいのではないでしょうか。日頃から龍雲などで龍を見る練習をしている人は、もっと早い段階で龍だけは見える、ということになるかもしれません。

精霊や妖精などの小さな存在はパワーも小さいため、わかることが難しいので、こちらはわかるまでに時間がかかるかもしれません。

パワースポットは意識を空間に置きます。3次元世界の空間と見えない世界の空間を重ねて、そこに意識を置くのですが、最初はどの方向にパワーがあるのか、というところから始めます。右か左か、上なのか下なのか……。

次はそのパワーがどんな感じなのか、を感じてみます。神様系なのか仏様系なのか、大地なのか大空なのか……。地球のパワーというものもありますし、地下を流れる地下水というパターンもあります。

次はどれくらいの大きさのパワーなのか、です。小さなパワーというのはけっこうあちこちにあります。しかし、小さいので初級の練習には向いていないように思います。練習をするのなら、なるべく大きなパワーがあるパワースポットがおすすめです。

霊能力を本気で、しっかり高めたいと思われるのであれば練習、練習です。龍だけ見られればいいんです、という方は、龍がいそうなところで見る練習をするだけでいいと思います。天狗だけ見られればいいです、という方も同じです。天狗がいる山に行って、修行をしていそうな岩山や高い木の上などを見て、練習をするといいです。

神仏と交信したい、という方は基礎から力をつけなければ難しいです。

テニスラケットを何回か振ったくらいではウィンブルドンで優勝はできませんし、ピアノを何日かさわったくらいではコンテストで優勝はできません。

スピリチュアルな能力も同じです。簡単にすぐに手に入れられるものではないのです。

ただ、やり方によっては早く習得できる道がありますので、そのコツを書いています。

具体的な例

ここまでの説明でどう練習するのかがわかっていただけたのではないかと思います。経験を積んで、その感覚を身につけていって下さい。

今まではただの蝶々だったのに歓迎だとわかった、というこの「わかった」感覚を貯金していきます。目の前の雲が龍の影響を受けていると「わかった」瞬間が大事です。頭で考えて「きっと龍がいるのだな」と「思う」のとは違います。

この「わかった」をためていって、自分のものにします。たくさんたまってくると、「自分はわかることができる人なのだ」と自覚できます。ふと気づくと「こんなにわかるようになっている」ということで、それは自信に繋がります。

この自信は謙虚に持つことがおすすめです。ウヌボレになってしまうとそこから霊能力は伸びませんし、逆に落ちていく人もいると思います。どうかご注意下さい。

経験を積む、感覚をためていく、わかる能力がアップしていく、この順番です。焦らずにゆっくりと心に余裕を持って身につけていきます。焦って変な方向にいくと、ショボい能力になってしまい、ショボいものしかわからなくなります。ショボい存在は、自分が「神格の高い神である」と嘘をついたりするのですが、それが見抜けない人になってしまいます。「わかる」というのは、何回もしつこくてすみませんが、頭で考えてはダメなのです。脳で認識するものではありません。魂が「ハッ」と気づくものです。ハッと気づいた瞬間に、それまで脳の中にも心の中にもなかったものが、そこにできています。そこに「ある」状態となっているのです。

たとえば、クールな神様だということが「わかった」場合、それまでは境内を歩いていても何の感情も感覚もなく、もちろん頭の中にも何の考えもありません。社殿を目指して歩いていただけです。

そのような状態でいる時に「わかった」ら、その瞬間に、神様はクールである、という事実が出現するのです。何もなかった目の前に、いきなり事実が「ある」のです。この感覚、ご理解いただけていますでしょうか。

う〜ん？　クールな神様かな？　と考える、想像する、推測するのではありません。わかった瞬間に、そのことがもうそこに「ある」のです。

たとえば、会社に嫌いな人がいたとします。お互いあからさまに避けていたりすると、「あいつも俺のことを嫌いなのだろうな」と思うのではないでしょうか。しかし、それは予想ですね。想像と言いますか、たぶんそうだろう、99％そうだろうという推測なのです。「わかって」いるわけではありません。

会社で、エアコンの温度が28度なのにひざ掛けをしている人を見たら「寒がりなんだろうな」と思う、これも推測ですね。そうなんだろうなぁ、と想像しているということです。

スーパーにアイスクリームを買いに行きました。買うものはアイスクリームだけです。パッと店内に入ったら、そこはカップ麺がずら〜っと並んでいるカップ麺売り場でした。ここにアイスクリームはない、と「わかり」ます。

「カップ麺売り場だからラーメンとか乾物とかそのようなものしかないよね、冷凍食品であるアイスクリーム類はここじゃないな、冷凍庫がないし〜」などと七面倒くさい思考をしなくても、そのようなものの売り場だということ、アイスクリームはここにはない、ということは瞬時に「わかる」と思います。この感覚です。

理解しづらいかもしれませんが、この「わかる」という感覚は、「こうだろう」という予想、「こうかもしれない」という想像、「こうだ」と自分で創作すること、「こうあってほしい」という希望などとは、全然違うものです。

今の話を神様でたとえると、「ここの神様は優しいだろうな」「優しいかもしれない」「優しそう」「優しいに違いない」「優しい神様だったらいいな」というふうに考えているうちはまだ「わかって」いません。

「わかる」時は、もう一瞬で「ああ、優しい」とハッキリわかります。

最初は予想、想像、創作、思い込み、希望など、頭で考えてしまうかもしれません。わかったのか、そうではないのか、そこの判断が微妙に難しいと思ったら、カップ麺売り場にアイスクリームがないとわかる感覚や、カフェでセルフで水をつぐとわかる感覚を思い出して下さい。

練習を重ねていると「わかる」能力が高くなっていきますから、いつかは考えたりしなくてもちゃんと感覚で「わかる」ようになります。

練習をしていることは神様に言っておく

神社仏閣に参拝をして小さな修行をしつつ（神社仏閣は行くだけで小さな修行になります）、感覚を養うといいです。いろんな神仏に会う、いろんな眷属に会う、違う「気」を持つ境内をあちこちまわる、というそれはとても良い練習になります。歓迎の種類の違い、ご神気の違い、波動の違いなど、わかるべきことはたくさんあります。

まずは神仏の歓迎を感覚で「わかる」ことで、この「わかる」を確実に覚えます。この時に「わかった」ことで感激する、喜ぶという気持ちも大切なので、どうぞポジティブに練習なさって下さい。まだこれだけしかわからないわー、いつになったら話せるのよー、ぶーぶー、と文句を言っていると伸びません。神仏相手のことですから、このような心がけだと伸びないのです。

歓迎のサインは見たり、聞いたり、肌で感じられてわかるけど、その他の部分はちょっとまだ……という時は、私の体験を利用されてもいいと思います。

私がブログや著書で書いている神仏……たとえば、冗談を言って笑わせてくれる神仏は、そのような「気」を放っていますから、そのようなものが感じられるかどうか試してみるのもいいと思います。私が優しいと書いた神仏は、自分でも優しく感じられるのか、を試してみて下さい。

ちなみに「霊能力アップのために練習中です」ということは、神仏に言っておくことがおすすめです。というのは、その能力を開発することに関して、神仏は意外と喜んで協力をしてくれるからです。なんとか会話ができるようになれば、テストなんかもしてくれたりします。

ですから、境内に入ってすぐに言っておくと、いろいろと練習になるものを見せてくれるかもしれません。

歓迎されていることがわかれば、「自分は何か他に感じていないか？」と探ってみるのもいいです。そこで「あ！　これも歓迎のサインだ！」と「わかる」ものがあったりするからです。「真夏日なのに、なんだか爽やかな、低い温度の空気が頭を撫でた〜」と気づくかもしれません。ここで気づいたものは、別の神社に行った時に同じ状態になると、次回はあっさりと「わかる」ことができます。

このようにしていると、自分の経験の貯金がどんどん増えていきます。

仏壇で「わかる」感覚

忙しくて、または体調が悪くて「お出かけが難しいです」「神社仏閣も、パワスポも行けません」という方がいらっしゃると思います。「近所には参拝する寺社がありません」という地域にお住まいの方もおられると思います。その場合、家に仏壇がある方はご先祖様にお手伝いをしてもらうといいです。

どう練習をするのかと言いますと、お供え物です。仏壇に入っている故人の、大好物だったものをお供えするととても喜んでもらえます。お供えをしていない時の雰囲気と、お供え物をあげた直後の雰囲気の違いを感じてみるといいです。

お花をお供えしても喜ばれますから、その時も練習のチャンスと言えます。

仏壇の中をお掃除してみるというのもありますし、お経を聞かせてあげるとそれはもう大喜びをしますから、その時も練習のチャンスです。

ただ、神社、お寺、霊山、パワースポットなどに比べると、仏壇は波動がそこまで高くありません。パワーもないです。そのことは、神社、お寺、霊山、パワースポットと仏壇を、頭の中で並べてみるとおわかりになるのではないでしょうか。規模が違うのです。ですから、同じような練習をしても、経験値の「１」の大きさが違います。

仏壇で練習はできますが、何十倍……何百倍もの回数を重ねなければいけないし、時間がかかるということは知っておかれたほうがいいかなと思います。ちなみに神棚は窓口である場合が多いため、残念ながら練習にはなりません。

人の進み具合と比べない

ここまでで、「わかる」というその「感覚」が大切だということ、それがどういう感覚なのかということがおわかりいただけたと思います。霊能力が高い人の基本はこの「わかる」能力が高いということなのです。

ご神気や波動がわかる、パワーや神聖なものがわかる、神仏や眷属がわかる……だから、それらのものが見えて、神仏とも話せるわけですね。

最初は歓迎が「わかる」ところから始め、風や天気、あたたかい感じ、厳しい感じという感覚で知ることへと繋げていきます。仏様に道が繋がっているのか、霊山に龍や天狗がいるのか、パワースポットにどんなパワーがあるのか、いろんな場所へ行って、いろんな練習をします。

わかることが徐々に広がっていけば、やがてそれは神仏へと向かいます。その寺社に神仏がいるのかいないのかがわかる、笑っているのかどうか、どれくらいの神格なのかがわかる……というふうに進化していきます。

もしも今、自分ではあまりよくわかっていないという方は、これから徐々に進化をしていき、世界が変わってくると思います。

なぜ、この感覚を「初級編」で、ここまでしつこく身につけるべきだと力説しているのかと言いますと、レベルが上がっていく際に「わかる」感覚が非常に役に立つからです。たとえば神様が「頑張れよ」と応援している気配に気づいたとします。それが「本物」なのか、そう言ってくれたら嬉しいと思う自分の「希望」なのか、それとも自分が勝手に作った「創作」なのか、判断に困ることがあると思います。しかしそれが、この「わかる」感覚でわかったものだったら、「本物」です。

福岡に住んでいる息子夫婦と孫の4人で筥崎宮《はこざき》を参拝した時のことです。一の鳥居から境内に入ったところで、本殿から神様がしゅ〜っと来られました。そして、抱かれている孫の顔をのぞきこみ、また本殿へと戻って行かれました。

この時に、たとえばまだ神様が見えない段階でも、神様がしゅ〜っと来た気配がした、ということとは感じるかもしれません。その感じた気配が本物かどうかを判断するのに、「わかる」感覚が必要なのです。「わかる」感覚で気づいた気配なら「本物」ということです。

つまり、「わかる」感覚とは、自分が感じたものや受け取ったものが、本物かどうかを判断する道具になるわけです。ですので、この感覚は時間をかけても〝正しく〟身につけるべきである、としつこく力説しているのです。

自分がもしもまだ、10段階の「1」しかわかっていないとします。それなのに、人は「3」わかるとSNSなどで自慢をしている。なんだかとっても悔しい、負けたみたいで焦る……というのは、よくないです。人の進み具合を気にしないことが一番です。

こう言ってはなんですが、能力を自慢する時点でその人の心は神仏から離れています。大雑把であやふやな「3」よりも、基礎がしっかりしている「1」のほうが断然価値があります。少し遅くても土台をキッチリ作っている人は、徐々に追いついていき、そこから先は一気に追い抜きます。ですから、負けたという感情は持たなくてもいいのです。

とっておきの秘訣

神様系と仏様系

さて、ここで神仏霊能力を高めたい方への有効なアドバイスといいますか、とっておきの秘訣をお伝えします。いつかどこかで書きたいと思っていたのですが、ちょうどよい機会ができてよかったです。

私はよく「神仏」と一緒にして書いていますが、その世界が違うことは先ほど書きました。神様も仏様も人間を守ってくれたり、救ってくれるありがたい存在ですが、いるところが別です。よって、別の〝信仰〟になります。

この2つの信仰に関しては、ほとんどの人がどちらか一方に少しだけ近いのです。まれに、ちょうど半分ずつという人もいますが、ほぼ全員がどちらかにちょっと寄っています。

信仰の感度が仮に100あるとして、50と50という人はめったにいないです。51と49とか、55と45とか、60と40など、割合は人によって違いますが、大きい数字のほうの信仰に近いというわけです。

神様65仏様35という人は神様系の人であり、仏様65神様35という人は仏様系の人になります。

近いと恩恵がたくさんもらえるとか、願掛けが叶いやすいとか、えこひいきしてもらえるとか、そういうことではありません。神仏に特別視をしてもらえるということではないのです。

神仏はその人がどちら系なのかという部分はまったく見ていません。近いほうの信仰には馴染みやすいという、これは私たち人間のほうだけの感覚の問題です。魂が反応しやすいといいますか、そちらの世界には無意識にスッと溶け込みやすいのです。

山にいるほうがリラックスするのか、海にいるほうがリラックスするのか……という感覚に似ているでしょうか。いや、ちょっと違いますね。休日に1人で読書などをして静かに過ごすのか、友人と集まってワイワイ過ごすのか、どちらのほうが馴染みやすいか……う～ん、このたとえも違う気がしますが、まぁ、そのような感じです。

とにかく、自分が神様系なのか、仏様系なのか、そこを知っておくことが霊能力アップのコツです。

神仏霊能力は最終的には、神様も仏様もどちらも同じようにわかります。どちらともクリアに会話ができますし、クリアに見えます。同じように聞こえます。そこに差はありません。ある程度までレベルが上がれば、神様と仏様の世界が違っていても関係ないのです。コンタクトは同じようにできます。

けれど、まだ霊能力が発展途上の頃は、神様界と仏様界の違いが「感覚」でよく理解できていません。「ほぼ同じだと思っています」という方は、違いがつかめていないので、同じように両方をやるよりも、自分のタイプであるほうを先に、重点的にやったほうがいいです。

「違いがちゃんと感覚的にわかっています」という方は、両方が「わかる」ように同時に練習をしていくのも悪くありません。が、しかし、自分のタイプでどちらかを先に、集中的に高めていくほうが上達は早いです。

自分のタイプを知っておく

神様界を重点的にやるのか、仏様界のほうに力を入れるのか、それは人によって違います。前述した神様系なのか仏様系なのかというところで判断をします。好みで決めてもいいのですが、自分が近い世界のほうがわかりやすいです。

ちなみに私は神様系です。なので、神仏霊能力をガーッと高める時、神社ばかりで練習を重ねました。もちろんお寺にも参拝はしていましたが、それは仏様に会うためだけに行っていて、訓練はしなかったです。もしかしたら記憶をしていないだけで、たまに練習をしていたかも？　とは思いますが、それくらい薄い記憶ですから、ほとんどしなかったと言えます。

私は私個人の熊野三山に練習をしに行っていました。当時、お金がなかったので格安レンタカーを閉店間際に借りて、夜、熊野に向けて出発していました。夜中の2時とかに到着するので朝まで仮眠を取り、早朝から3社をまわっていたのです。宿泊するお金がなかったからです。レンタカー屋さんの閉店に間に合うように戻り、レンタカー代も1日で済むようにしていました。

3社の神様が霊能力をアップさせる協力をしてくれていたので（本当に優しく、細かくいろいろなことをたくさん教えてもらいました）、熊野までは遠かったのですが頑張って通っていました。熊野に行けば3社に必ず参拝していたので、確実に練習できる高波動の場所が3つあったということです。それもありがたかったです。

京都なども神社が多いので、1日でいくつか練習ができそうですが、熊野の場合は三柱とも「山岳系神様」ですから、強烈なパワーをお持ちで神格も高いです。今、思うとベストな選択をしていたのですね（守護霊が導いてくれたのだと思います）。

私は自分が神様系だと知っていたので、熊野三山で修行（練習）を始めたのですが、自分がどちらのタイプなのか、わからないという方がいらっしゃると思います。そのような方は、どちらが好きか、ということが一番の手がかりになります。

皆さん、神様も仏様もどちらも大好きだと思いますが（私もそうです。どちらも心から大好きです！）、でも〝あえて〟どちらかと言えば……ということです。その差は1ミクロンもないでしょうが、無理をして頑張って選んだらどっち？　という感じですね。

そこを考える時に、全体的な神様と全体的な仏様を比べてみる、よく行く神社とよく行くお寺を比べてみる、同様に過去に感激した神社と感激したお寺を比べてみるといいです。

するとなんとなく「こっちのほうが馴染む」という自分の感覚がわかります。

「いや、決められないです～」「よくわかりません」という方は、神社とお寺、どちらの境内にいる時のほうが、よりリラックスしているか、を考えてみるといいかもしれません。

自分がより癒やされるのはどちらの境内なのか……ということも手がかりの一つです。

神社からもお寺からも同じようによい波動をもらっているはずですが、自分が馴染みやすい世界のほうがどうしても深くリラックスするからです。このあたりで、「たぶん、こっちだな」ということがわかってきたのではないかと思います。

神様系の平将門さんや楠正成さん、龍神、お稲荷さん、天満宮、山岳系神様、祝詞、雅楽など、神様関係のほうにより馴染みがある方は、神様系です。

仏様系の空海さんや最澄さん、お不動さん、観音さん、薬師如来さん、お地蔵さん、真言、お経など、仏様関係のほうにより馴染みがある方は、仏様系です。

だんだん明確になってこられたのではないでしょうか。

それでもまだ、どちらか判断がつかないという方は、祝詞と般若心経をどちらも覚えてみることをおすすめします。私は神様系ですから、般若心経はすぐには覚えられませんでした。頭にうまく入らなかったのです。しかし、祝詞は短時間で、一発で覚えることができました。

このように、皆さん、どちらかの世界のほうがより近い、というのが普通です。そして、それがどちらの世界なのかを自分で知っておくことも大切です。どちらも平等に同じくらい近い、という方もまれにいます。そのような方は非常に珍しい、特別な人です。

自分のタイプでトライする

さて、自分がどちらタイプなのかがわかったら、それを活用します。自分が近いほうの世界での練習を多く積むほうが、霊能力が開発されるのは早いです。「わかる」能力を高くする練習は、神様系の方なら神社で、仏様系の方ならお寺でやります。これでかなりスピードアップできるのではないかと思います。

では、両方一緒にするのはどうなのか……と言いますと、これはこれでメリットがあります。同時にやっていくと同時に習得できますから、あとが楽です。

私は神様界を先にやったので、神様界方面の霊能力がぎゅーんと一気にアップしました。神様関係のことはなんでもわかる、神様関係だったらハッキリ見える、しっかり聞こえる、会話もクリアにできる、というほどに力がついても、仏様界のほうは練習が足りていませんから、イマイチでした。仏様世界の構成や仕組み、どこに意識を置くのかがよくわかっていなかったためです。世界が違うから仕方がないのですね。

そこから今度は仏様界のほうを集中して修行しました。仏様界の力がつくまで少し時間がかかりましたし、けっこうハードに頑張りました。つまり2度、一から修行（練習）をした、という感じに近いのです。

「2回も一から始めるのはちょっとしんどいかも〜」と思う方は両方同時にやっていってもいいと思います。ただ、時間は少し多めにかかります。「どちらか一方の能力だけでいいのです」という方はご自分のタイプを知って、そちらを修行するといいです。

でも、きっと、どちらの能力も授かりたいという気持ちになると思います。「魔」の世界にも顔がきく、普通の神様とは違う牛頭天王《ごずてんのう》や赤神《あかがみ》、晴明さんなどは、どちらの能力も持っていなければ難しいところがあるからです。お寺にいるお稲荷さんや神社にいる天狗も、どちらもわかる力がなければ正しく理解できないことがあります。

感覚の違い

読書の場合

最後に感覚のお話です。ここまで、たくさん感覚のことを書いてきましたが、これが人によって全然違うパターンがあるのです。ですから、私が書いている内容とご自分の感じ方が違うということがあるかもしれません。こちらもお伝えしておきます。

元夫と何気ない話をしていた時でした。読書についての話題になり、元夫が読書はしんどいから疲れていたらできない、みたいなことを言ったのです。疲れていたらできない、というところは「たしかに」と同意ができますが、「しんどい」という部分で「はて？」となりました。

なぜ読書をすることが「しんどい」のだろう？　と思って、しつこく突っ込んであれこれ聞いて、やっとその意味がわかりました。

一人で静かに本を読む時は誰もが黙って読みます。この時、みんな私と同じように読んでいるのかと思っていましたが、違うのですね。

元夫は黙って読む時も、心の中で、声には出していないけれど、声に出すのと同じように「言うようにして読んでいる」と言うのです。たとえば、「今日はよい天気です」と書かれていたら、朗読するように、「きょうはよいてんきです」と、心の中で言っているというのです。

えええーっ！　と、驚きました。

私は「今日はよい天気です」という文章を見た時に、その内容がそのまま頭に入ります。「今日」と目で見たら心の中で言わなくても、本日のことである、と理解しています。「よい天気」を目で見たら、天気がよいことが頭に入ります。ですから、心の中で声を出さずに朗読するという作業をしたことがありません。目で文字を追っていくだけなのです。

小説などの長い文章でも元夫はすべて心の中で、声に出さないだけで、声に出して読むように読むそうです。子どもの頃に親にそのように教えられたそうです。

なるほど、そりゃ疲れていたら、しんどくて読書はできんわな～、と思いました。この時に、人によって感覚は違うのだ、ということを知りました。

私が自分の感覚だけしか存在しないと思って、「黙読をして、10分たったら1分間だけ、心の中で声に出して読むようにして読んで下さい」と言うと、元夫は「は？」となるわけです。「俺、ずっとそうやって読んでるけど？」と。

音楽鑑賞の場合

音楽の感覚もそうでした。

私はイヤホンなどで音楽を聴いていると、よくノリノリになってダンスをしたり、体でリズムを取ったりします。もちろん、聴きながら自分でも張り切って歌います。音楽を思いっきりエンジョイしている人になります。

しかし元夫はいつも静かに聴いているのです。体でリズムを取ることも、一緒に歌うこともしません。ガンガンのロックとか、ノリノリのポップな曲を聴いているのに、です。

昔、猿がポータブルオーディオプレーヤーを持って、イヤホンをつけ、目をつぶって音楽を聴いている……というＣＭがありましたが、まさにその感じです。

で、ある時、質問してみました。なぜ、一緒に歌ったり、ノリノリで体を動かしたりしないのか、と。すると元夫は「すべての音を聴いているから」と答えたのです。「は？」と意味がわかりませんでした。

つまり、元夫は歌声、ギター、ドラム、ベース、シンセサイザーなど、一つ一つの音を、バラバラに全部聴いている、というのです。

えええーっ！　と、この時も本気で心底驚きました。

ギターはギターで最初から最後まで、ドラムもドラムで最初から最後まで、ベースも……というふうにすべてを聴き分けているのです。

人間の耳ってそんな高度なことができるの？　とやってみたことがありますが、できるのはできます。ただ、ものすごーーーーくしんどくて、長くはできませんでした。１分もたたないうちにギブアップしました。

私は全部の音を一緒くたにして聴いています。全体としての楽曲で聴くので、サビの部分で歌声が大きくなれば、そっちを聴くため、後ろで小さく鳴っているギターの部分は聞こえていなかったりします。全部まとめた曲を楽しんでいますから、一緒に歌ったりもするわけです。

このように「音楽を聴く」というのも、誰もがみんな同じ感覚だと思っていましたが、実は違っていたのです。

ですから、たとえば私が、「曲の途中でドラムが大きく聴こえてきた時に、瞑想に入って下さい」と言っても、元夫は「は？」となるわけです。「ドラムが大きく聴こえてくるってどの部分？　最初からドラムの音量は変わってないけど？」と困ると思います。

すべてを一緒くたに聴いている私には、ギターや歌声がないところではドラムだけが大きく聴こえたりするわけですね。音楽を聴く、という感覚が違うので、このように理解ができない部分が出てきます。


この章も感覚のことを書いています。私は自分の感覚そのままを書いていますが、感覚自体が違う方からすると「え？」となる部分があるかもしれません。本に講座を書くのはそこが難しいところです。

というわけで、神仏霊能力アップ講座の初級編をお届けしました。うまくお伝えできているといいな、と思います。

願掛けの仕方　～あとがきにかえて～

神仏に叶えてもらいたいお願い事は誰にでもあると思います。すぐに叶えてもらえることもありますが、なかなか叶わないこともあります。叶わない時に、「お願いの仕方が悪いのかな？」と思ったことは、どなたにもあるのではないでしょうか。

そのような時は、お願いの言い方を変えてみるのもいいです。たとえば「出世をしたい」という願掛けで叶わないとなったら、「ライバルの○○君に勝ちたい」と変える、「経済的に余裕が欲しいから給料を増やしたい」と変える、「会社の上層部に入って会社の発展に尽くしたい」と変える、などです。違った面から見た願掛けにすると、案外スムーズに叶うことがあったりします。

けれど、一貫して同じように願ったほうがいい場合もあります。そんな私の体験談です。

私がブログを書き始めたのは、２０１２年9月でした。あとから出来の悪い記事を削除したり書籍化で非公開にした記事もあるので、初期の頃はそんなに書いていないように見えるかもしれませんが、けっこうな数を書いていました。

当時は本当に経済的に苦しかったので、神社仏閣にも頻繁に出かけることができませんでした。しかし、それまでの経験が豊富にあったため、話題に困ることもなく、毎回楽しく書いていました。読者になって下さる方も少しずつ増えていって、やりがいのある趣味として頑張っていました。

始めて半年くらいたった頃からでしょうか、「本にならないのですか？」というメッセージが届くようになりました。「両親や知人にブログを紹介したいけれど、パソコンやスマホを持っていないのです」というのが主な理由でした。その頃はまだ、今ほどスマホが普及していなかったのです。

「インターネットが使えない環境の人にはブログを勧めることができません、とても残念です」

「本だったら買って渡せるのですが……」

「本だったら、読み返したい時にいつでも手に取って読めるから、書籍化を願っています」

「ブログだと、もう一度あの部分を読みたいと思っても、探すのが大変で……」

などなど、書籍化を願って下さる方からのメッセージを読むたびに、「多くの人に読んでもらえるように、また、神仏のことをもっと広く伝えられるように、いつか書籍化されればいいな」と私も考えるようになりました。

神社仏閣に行った時に、書籍化をお願いすることが多くなりましたが、すぐには叶いませんでした。1冊目の本を出せたのは2014年の7月です。ブログを始めてから2年近くがたっていました。しかし、とても大きな願掛けでしたから、2年近くで叶えてもらえたのはかなり早いほうだと思います。

さて、私はこの時にどういうふうに願掛けをしたのかと言いますと……。

ごく普通に考えれば、「ブログが書籍化されますように」というお願いをするように思います。そのお願いをしたあとで、「これこれこのような理由で、です」と、読者さんからもらったメッセージの話をしたり、自分の考えを述べたりすると思いますが、私はそのような願掛けをしませんでした。

「私のブログをわかってくれる出版社の人、1人だけでいいです、どうかその方に出会わせて下さい」

と、お願いをしました。どこの神社に行っても、どのお寺でも同じように願掛けをしました。なかなか叶わないな〜、と思いつつも、一貫してお願いの仕方は変えませんでした。

「書籍化なんてやっぱり夢だな」と後ろ向きの気持ちになることもありましたが、「いやいや、神仏が今、その人を探してくれているのだ」と神仏を信じ、せっせと願掛けを続けました。

私のブログをわかってくれる出版社の人が、世の中に「1人だけ」いてくれれば……それで十分だと思いました。5人も10人もいらないのです。そのたった1人の人と出会うことができれば、書籍化は叶うと思ったのです。

この願掛けが叶って、出会わせてもらえたのがハート出版の藤川さんという方です。編集長をされていた方で、ものすごい実力のある編集者さんです。最初の編集者さんがこの方でなかったら、私は本を書くようになっていなかったと思います。

というのは、ブログを書いていましたが、私は本の書き方などは一切知りませんでした。ですから、「ブログを10万字程度に、1冊にまとめて下さい」というような依頼の仕方でお話をもらっていたら、書けませんでした。

このように言われれば、1ページ目から新たに書き始めなくてはいけないと思います。話題が多いブログをどうやって1冊にまとめる？　と悩み、たぶん断念していたと思います。その当時は介護の仕事もしていましたから、時間もありませんでした。

藤川さんのすごいところは、ブログを全部読まれて、その中から記事を抜き出し、それを章でまとめ、章タイトルをつけて、本のような形にしてくれたのです。「このようにしてみました」というデータが、もうそのまま〝本〟だったのです。

私はそこで初めて、本というのはブログの記事を書くように、細かく区切って書けばいいんだ〜、ということを学びました。1冊書くとなれば、1ページ目から最後のページまで、ずーーーーっと続けて書かなければいけない、みたいな変な思い込みがあったのです。目からウロコとはこのことか、と思ったくらい、衝撃的でした。

藤川さんはその本形式にしたものを社内の掲示板にアップして読めるようにし、社員の方々に読んでもらったそうです。社内ではどちらかと言うと、出版には消極的な意見が多かったみたいです。ブログで一度公開している内容ですから、それを本にしたところで売れるのだろうか？　と思われたのは当然だと思います。

営業の方が書店に行って、いろいろとマーケティングをするという時も、「営業がノーと言ったら、出せません」ということも言われました。本も営業の方が売るんだなぁ、ということもこの時に知りました。

「次の会議でどうなるか決まりますが、ダメだったらすみません」みたいなメールもいただきました。私はその時に、藤川さんでダメだったら書籍化はダメってことだ、あきらめよう、と腹をくくりました。

現在の担当者さんに聞いた話によりますと、みなさん「う～ん……」と消極的な反応だったらしいのですが、藤川さんが「このブログは本当に面白いんですよ！」と押してくれたそうです。

その会議で発売が決定し、1冊目の『ひっそりとスピリチュアルしています』が世に出ました。

書籍化の願掛けをしてから藤川さんに出会うまで、1年かかっています。神仏がそれだけの時間をかけて探してくれた人、それが藤川さんでした。

藤川さんはたくさんのお仕事を抱えていらっしゃる方でしたから、私に時間をかけられる時期というものもあったと思います。他の社員の方が消極的だったというところをみると、その評価が普通で、日本に出版社はたくさんありますが、私のブログを本にして出そうと思ってくれる人は他にいなかったかもしれません。

しかも、本の書き方がまったくわかっていなかった私ですから、そこをフォローする実力と優しさがなければ、本にはならなかったわけです。

神仏はやっぱりすごいなぁ、としみじみ思います。心からお願いをすれば、神仏があちこちの出版社に行って探してくれるのです。タイミングなどもみて、調整もしてくれるというわけです。

願掛けをしてもなかなか叶わない、という方がいらっしゃると思いますが、もしかしたら、時機待ちなのかもしれませんし、私のこの時のように神仏が探している途中だったり、段取りをつけているところなのかもしれません。

願掛けは願い方で若干、変わってくるところがあります。本気で叶えたいお願い事がある方は、願掛けの仕方を一度、じっくり考えてみるのもいいかもしれません。きっと皆様にも人生を変える願掛けにベストな言葉があると思います。

私は書籍化の願掛けに関しては、一貫して同じようにお願いをして正解だった、「ブログが書籍化されますように」と言わなくて正解だった、と思っています。この願掛けだったら、ブログ内容が一冊に書籍化された本が出て、それっきりだったかもしれません。

夜、寝る前に夜空を見上げながら、自分の人生を考え、同じ言葉で守護霊に合掌してお願いしたことも何回かあります。

桜井識子　さくらい　しきこ

神仏研究家、文筆家。
霊能者の祖母・審神者の祖父の影響で霊や神仏と深く関わって育つ。
神社仏閣を2,000ヶ所以上参拝して得た、神様仏様世界の真理、神社仏閣参拝の恩恵などを広く伝えている。神仏を感知する方法、ご縁・ご加護のもらい方、人生を好転させるアドバイス等を書籍やブログを通して発信中。

『新装改訂版 “識子流”ごりやく参拝マナー手帖』『お稲荷さんのすごいひみつ』(ハート出版)、『神様のためにあなたができること 文庫版』(PHP研究所)、『ごりやく歳時記』(幻冬舎)、『おみちびき』(宝島社)、『100年先も大切にしたい日本の伝えばなし』(KADOKAWA)『知って開運！　神社仏閣めぐりのコツ』(扶桑社)など著書多数。

「桜井識子オフィシャルブログ～さくら識日記～」
https://ameblo.jp/holypurewhite/

イラスト：仲島由利子　なかじま　ゆりこ

東京都出身。学生時代は美学・美術史を専攻。
イラストレーターズ通信会員。
日本ブックデザイン賞 2019 装画部門にて金の本賞受賞。
https://yurikonakajima.pb.gallery

和の国の神さま

令和元年 9 月 8 日　第 1 刷発行
令和 6 年 2 月 3 日　第 7 刷発行

著　者　桜井識子
発行者　日高裕明
発行所　ハート出版
〒171-0014 東京都豊島区池袋3-9-23
TEL03-3590-6077　FAX03-3590-6078

ISBN978-4-8024-0079-4　C0011

印刷・製本/中央精版印刷　編集担当/日高　佐々木

ですから、今でも時々、星がキラキラと輝く夜空を見ると、人生を変えてくれた願掛けを、神仏にお願いし続けた言葉を、ふわっと思い出します。

「私のブログをわかってくれる出版社の人、１人だけでいいです、どうかその方に出会わせて下さい」

桜井識子